国家出版基金项目
NATIONAL PUBLICATION FOUNDATION

"十二五"国家重点出版物出版规划项目

走向世界丛书

主编 钟叔河 曾德明 杨云辉

FROM EAST TO WEST

李濬之 东隅琐记

盛宣怀 愚斋东游日记

赖某深 校点

岳麓书社·长沙

本册总目□

丛书新序

钟叔河

二〇一三年十月

“走向世界丛书”一百种，只收晚清时期 from east to west（从东方到西方）的记述，这并不等于说，只有十九世纪末二十世纪初的中国人，才需要面对走向世界的问题。

纵观人类历史，走向世界决不是什么地区性和阶段性的活动，而是不断出现在全人类发展进步过程中并与之同步的历史现象。一百万年前，人类开始从非洲进入亚洲和欧洲，一万年前，又从亚洲进入北美洲和大洋洲，就是在不断地走向世界。

从有史以来的文献、文物看，三千多年前的《奥德赛》和《出埃及记》，说的是古希腊人和以色列人走向世界——走向地中海和巴勒斯坦。两千多年前的《史记》和《汉书》，写了张骞和后来汉朝“益发使”走向世界——曾走到罗马在西亚的边陲。一千三百年前的《大秦景教流行中国碑》、七百年前的《马可·波罗游记》和四百年前的《利玛窦中国札记》，记下了阿罗本、马可·波罗、利玛窦的 from west to east，这和 from east to west 一样，都是在走向世界。

人类曾因地理、种族、制度、意识形态等原因而互相分离，甚至隔绝。夜郎国的君长初见汉使时问：“汉孰与我大？”当是时，夜郎的世界僻处黔西，其“大”可知；连夜郎都未入版图，则汉之“大”亦远不如今之中国。但人为万物之灵，为了求生存谋发展，总不能老守着自己的一亩三分地，总会要想方设法走向世界——走向更广阔的外部世界。于是，汉要“通西南夷”，要前往原来“道险终不能有”的夜郎；夜郎要问“汉孰与我大”，要想改变原来“不知汉广大”的状况。由互相隔绝变而互相接近，互求了解，这就是走向世界。

走向世界，无论是自己走出去还是让别人走进来（总比让别人杀进来好），无论是主动的还是被动的，从总的历史进程看，用大的历史眼光看，都有利于发展，都是一种进步。对汉朝来说是如此，对夜郎来说亦是如此。两千年前是如此，两千年后亦是如此。上世纪七十年代末开始编辑出版“走向世界丛书”时是如此，如今来继续编辑出版这部丛书时亦是如此。

今天的中国已不再是七十年代的中国，虽然仍称发展中国家，经济总量却早已“超英”，正在“赶美”，但走向世界的路还“漫漫其修远”。时至现代，走向世界当然是要走向现代化的世界，也就是要高度现代化，全盘现代化。“四个现代化”的“四个”——工业、农业、科技和国防，已经“化”出了很大的成绩，而我们的管理现代化，我们的服务现代化，我们的制度现代化……要走的路的确还很长。

现代人走向世界，首先要使自己成为能接受全球文明，有世界知识，有世界眼光，有世界理想的人。“走向世界丛书”杰出的作者，如郭嵩焘、黄遵宪……又如邹代钧、金绍城……他们看到的新技术还是德律风（送话器和最早的手摇电话机）、火轮车（蒸汽机车）……我们如今却已经用上了智能手机、坐上了波音飞机……但在思想层面上，我（不敢称我们）反省自己的世界眼光和世界理想，甚至在世界知识的某些方面，比起一个多世纪以前的郭、黄他们来，差距实在还不小。在这方面，也就是人的现代化这方面，要走的路就更“漫漫其修远”了。

五年前北京奥运会的成功举世公认，它已经成为中国走向世界的一大标志。它的口号：

ONE WORLD，ONE DREAM

“同一个世界，同一个梦想”，这也应该是现代人走向世界的志向和目的，是我们继续编辑出版“走向世界丛书”的志向和目的。

丛书原序□

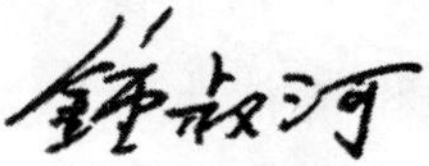

一九八〇年七月

人们常说，今日之世界，乃是一个“迅速缩小的世界”（rapidly shrinking world）。在电视卫星、激光通信和喷气式客机的时代，地球之上各地之间的距离，确实好像越来越短，人们相互间的接触和交流，也越来越方便和密切了。

可是，仅仅在几代人以前，异国还显得那样的离奇和遥远。古代欧洲人说，中国人用小米和青芦喂一种类似蜘蛛的昆虫，喂到第五年虫肚子胀裂开，就从里面取出丝来（Pausanias《希腊纪事》）。古代中国人则曾经相信，西方有种羊羔是从泥土里生长出来的，脐带还连着大地（《旧唐书·西戎传》、《渊鉴类函·边塞部九》）。这类海外奇谈，今天听起来简直不可思议，而在过去上千年中，却一直被当作可信的资料，记载在欧洲和中国的史书上。由此可见，人类文明的发展，经历了一条何等漫长曲折的道路。

为了探索和开辟外部世界，丰富自己的物质和精神生活，各国人民都作过许多贡献。人类文明史像叙说伟大的发明家和著作家一样，将永远铭记着张骞、玄奘、马可·波罗、哥伦布等不朽的名字。我们甚至可以这样说：一个民族从中世纪到现代的历史，也就是它打开眼界和走向世界的历史。

历史的发展从来是不平衡的。当黄河、长江已经哺育出精美辉煌的古代文化时，泰晤士、莱茵和密西西比河上的居民，还在阴暗的原始森林里徘徊。而自从地理大发现和产业革命以来，中国却相对地落后了。在西方实现资本主义的现代化以后，中国还是一个基本上同外界隔绝的古老国家。是鸦片战争打开了中国的大门，也打开了中国人的眼睛。人们称林则徐和魏源为清代最早“开眼看世界”的人，因为西方的坚船利炮打到中国来时，他们首当其冲，亲身感到这个世界在缩小，距离和壁垒再也不能将异国隔离开了。

过去时代的中国读书人，在“严夷夏之大防”的社会里度过了上千年。封闭的外壳被打破后怎么办？守旧派的办法是把脑袋钻进沙子里学鸵鸟，像慈禧太后的大学士徐桐，见到洋人就以扇遮面。就是这个徐桐，在庚子年间焚香叩请骊山老母下凡来“杀尽洋人”，结果骊山老母没有下凡，他自己的老命却白白送掉了。而林则徐和魏源则不同，提出要“师夷长技以制夷”，主张学习外国的长处，以对付外国的侵略。要学习，先得了解，于是林则徐编了《四洲志》，魏源编了《海国图志》。虽然他们未能亲身出国去考察，书的材料靠间接采辑而来，难免有许多谬误，但无论如何，地里长羊羔之类的神话毕竟不得不逐步让位给常识了。

林、魏之后，中国才开始有读书人走出国门，到欧美日本去学习、访问和工作。容闳、王韬、郭嵩焘、黄遵宪和严复等人，要算是最早的。接着出国的人渐渐多了起来，尽管其中不少是奉派而去的政府官员，但既然去了，就不会不接触近代—现代的科学文化和政治思想，也就不可能不在中国发生影响。

“走向世界丛书”专收一九一一年前国人亲历

欧美和日本的记述。自从一八四〇年鸦片战争失败那时起，先进的中国人，经过千辛万苦，向西方国家寻找真理。应该说康有为和在他之前的郭嵩焘、王韬、容闳等人，的确代表了近代中国向西方寻找真理的一派人物。当然，丛书所收的，也并不全属先进的人物的作品；但总而言之这些都是中国人从东方走向西方的实录，自有其文化的意义和历史的价值。

必须指出的是：从鸦片战争到五四运动这一历史时期中，西方国家虽在许多方面比中国先进，值得中国人学习，但国家利己主义的本质，却总是要压迫剥削比他们落后的民族的。中国人走向世界、接触西方，既有一个学习外国长处的问题，又有一个抵抗外国侵略的问题，盲目排外和盲目崇外都是错误的。对于某些作品中不免流露的这类观点，我们将在为各书撰写的叙论中，适当地作些分析，供读者参考。

“洋为中用”是我们今天的主张，也是十九世纪先进的中国人的主张。“师夷长技以制夷”，不就是“洋为中用”吗？当然，随着接触和认识的逐步深入，人们慢慢地看出：仅仅学一点“长技”，搞一点坚船利炮，还是不行的；要救国，只有维新，维新行不通，就只有革命。伟大的革命先行者孙中山，用他自己的话来说，也是在一八七八年出国以后，“始见轮舟之奇、沧海之阔，自是有慕西学之心，穷天地之想”，才树立了推翻清朝建立民国的大志和信心。历史无情亦有情，后人的思想和事业肯定要超越前人，但前人的足迹总可以留作后人借鉴，先行者总是值得纪念的。

今天的世界已不是十九世纪的世界，今天的中国更不是清朝末年的中国。今日之中国，已经逐渐以现代的面貌，出现在世界的东方。但是，世界的进步越来越快，中国的经济和文化等许多方面还需要不断地发展和提高；这就必需继续打开眼界、走向世界。打开眼界以后，还要学会分析，分清好的和坏的。一切好的东西，要拿来为我所用；一切有害的东西，要实行抵制和预防。在这方面，前人的经验和教训，有一些也仍然值得我们注意。

谨将这套丛书奉献给爱好历史和文化、关心中国和世界的读者，希望它能在中国现代化的过程中，起到一点微薄的作用，是为序。

丛书凡例□

一、“走向世界丛书”一九八六年前已刊三十五种，二〇一五年起仍按原定一百种的计划继续刊行，仍然专收现代以前用文言写作的国人考察西方（含开国后的日本）的记述，仍以亲身经历、直接闻见者为限。

二、从书按作者出国年月排列次序，尽量单行，即以一种为一册；字数过少无法单行者，才以两种或数种合订成册。合订本尽可能以类相从，按第一种出国年月排序；其各种均在封面列出书名，书脊则只列出第一种书名，并在其下注明“等几种”。

三、每种（册）书前，均由编校者撰写导言（叙论），介绍作者有关背景和书中重要内容，酌加评论分析，以供读者参考。

四、丛书均经编校者校订，标点分段，并加边批。边批的内容主要包括三个方面，兹以《随使德国记》为例，举示如下：

1. 标题、提要和说明，如“星使由苏州来”、“普鲁士分一十二省”、“演八十日环游地球的故事”、“如夫人即赛金花”、“‘人工’今皆称工人”。

2. 书中较重要的译名（加括弧注出原文或今译），如“德璀琳（Detring）”、“毕驰马（俾斯麦）”、“布莱门（不来梅）”、“德利风（电话）”。

3. 原文的订正和存疑，如“‘公司船’原无船字”、“‘骁勇’原作‘骑勇’”、“‘薛福成’成字原作辰”、“奥京立斯本应是维也纳”。

五、每种书后，均附人名索引，人名依首字笔画和一丨丿丶乚排列，按年、月、日三节数字查检（正文单页码下均有年、月、日三节数字备查）。如德璀琳之“德”字为十五画，于索引

“十五画”内检得其名下首列“13，8，17”，查正文“13，8，17”在P.3下，即可在P.3上找到（光绪十三年八月）十七日“乘肩舆往拜税务司德璀琳”的记载。

六、每种书后，一般附有译名简释（今昔译名对照，必要时并加说明），亦依首字笔画和一丨丿丶乚排列。如“卜兰墩浦 Brandenburg，勃兰登堡”，又如“勺勾腊 chocolate，巧克力”。

七、人名索引和译名简释的条目，并不限于边批中所举者；边批中所举者，则必皆收入索引和简释。

八、人名索引按年、月、日三节数字查检，其原书不著年、月、日者，则按篇章序号或页码查检。

九、原文因排印（抄写）而出现的明显的文字错误径予改正，不在边批中注出。

十、原文中同一外国地名而作者译法多样，

如缪祐孙《俄游汇编》中“彼得堡”就有“比得堡”“彼德堡”等异文，“莫斯科”也是如此。此种情形，无碍阅读，故一仍其旧，不作统一。

十一、原文中之统计数字均一仍其旧。少量表格中之统计数字，为方便读者阅读，改为阿拉伯数字。个别已经失去时效、并无参考价值的资料，则在说明情况后予以删去。

（十二）丛书均以简体汉字印行；除总序、凡例外，编校者所作导言（叙论）、边批、索引中涉及的数字均按现行规定采用阿拉伯数字。

叙论：晚清官员对日本的实业考察□

赖某深

“东亚风云大陆沉，浮槎东渡起雄心。为求富国强兵策，强忍抛妻别子情。”（吴玉章：《辛亥革命》，北京：人民出版社1961年版，第29页）吴玉章留日期间写下的这首诗，不仅反映了留日学生的心声，也能反映晚清赴日游历、考察的官员们的心声。晚清新政期间，无数官员为“求富国强兵策”，抛妻别子，前往日本考察实业，目的是通过学习日本，发展实业，救亡图存，本书所收的两种赴日考察记，就能在一定程度上反映实业救国思想。

实业救国思想是在西方列强对中国侵略不断加深、中国传统经济结构受到猛烈冲击以及中国人对西方认识逐步深化的历史条件下萌生、发展起来的，是中国人对西方列强冲击所做出的一种回应与反抗。丁守和先生早就指出：“所谓实业救国或工业救国，就是振兴工商业，发展民族经济，发展资本主义，就是使国家富强起来，不再受列强的侵略压迫，并向近代化发展。这在当时的中国是极其需要的，是有志气、有远见的中国人的愿望和抱负。”“很明显，在落后的被侵略压迫的中国，提倡实业救国，努力发展工商业，发展资本主义，是有利于社会改革和进步的。”（丁守和《实业救国、教育救国、科学救国思潮的再认识》，《文史哲》1993年第5期）1953年12月的政协会议期间，中央宴请各界参会的知名人士，席间毛泽东说：“讲到中国的民族工业，有四个人不能忘记：讲到重工业，不能忘记张之洞；讲到轻工业，不能忘记张謇；讲到化学工业，不能忘记范旭东；讲到交通运输业，不能忘记卢作孚。”不能忘记他们，就是承认他们创办企业有贡献。至于提倡实业救国、工业救国，以促进民族工业的发展，同样是应该称赞的。

张之洞对发展重工业的贡献固然不能忘记，其屡次派遣人赴日考察实业和教育也值得肯定。光绪三十一年（1905）10月上旬，李濬之受舅父张之洞的派遣，从天津出发东渡扶桑考察，历时五个多月，对日本工业、商务、教育、律政及社会风俗进行了较为详细的考察。回国后，又从天津至上海、青岛、济南等地考察国内实业情况。扶桑之行及回国后的考察成果，被李濬之记入《东隅琐记》一书。书中提出的一些实业救国思想被张之洞所采纳。《东隅琐记》作为一部历史性文献资料曾对中国近代工商业和社会发展起到了重要的作用。

综观《东隅琐记》，全书的主要内容有三：一，对日本实业的考察记录。在日期间，作者考察了大阪的住友伸铜场、川崎铁工场、阿部制纸会社、电灯会社、制造磷寸（即火柴）场，东京的瓦斯（即煤气）会社、西村铁工场、山本熊太郎铜螺旋钉场、藤井制药所、绞线绳工场，春元的石硷（即肥皂）制造所。还概略地介绍了东洋硝子（日语对玻璃的称呼）制造业。涉及钢铁制造、造纸、制药、火柴制造、玻璃制造、肥皂制造行业以及新能源的应用（电力、煤气）等。可以看出，作者考察的重点是重工业及与民生密切相关的轻工业。作者在考察时，详细记载了厂址、规模、原料来源、生产原理、产品价格、产品销路等。特别值得关注的有以下几点：

日本工业产品倾销中国以及中日在工业上的巨大差距：大阪阿部制纸会社“输入我国之连史纸，年约十馀万捆二篓，每篓一千四百馀张，价约六元许”。日本全国“造连史纸四处，每年销中国者，四五十万捆之多”。而上海的机器造纸厂，只有纶章一厂，根本无法竞争。日用必需的磷寸（即火柴），据书中转引的《实业日本》记载，明治三十七年，日本共输出九百馀万元，中国就占了四百馀万元。不仅轻工业如此，重工业何尝不是这样。洋务运动初期，中国的军舰多购自英、德，此后因日本造船业快速发展，中国也向日本订购军舰。书中记载，川崎铁工场“为两江代造鱼雷艇四艘，其二艘已将竣工：长径一百三十一英尺，排水力八十九吨，每小时能行二十三海里云云”。作者感慨，“以我国矿产之富，因工艺未兴，动辄借材异地，可耻孰甚焉”。

民营企业为军工服务：西村铁工场“所制之钉，系专为海军指名制造”，“可见伊国官商联合一气，且专攻一艺，故易臻精美”。作者认为中国可以仿效日本的做法，“一切制造，凡可分工之事，艰巨者官为创始，轻简者招商承办”。作者有所不知的是，民企为军工服务，是近代以来欧美日等国的惯常做法，这有利于武器的更新换代，有利于“平战结合”。

新能源技术及其应用：一个是火力发电，大阪电灯会社新场，“地势宏敞，中央一极大之楼，其下层安置锅炉八只……据云日用炭六七万斤……有新式大引擎二具，所磨电力，每具可发生万枝烛光”。一个是水力发电，“西京更有创用水力者，费可减半”。再一个是瓦斯（即煤气）的利用，“价廉物美，凡瓦斯气管所至之处，即可随意安置”。

二，对日本实业教育和社会教育的记载。在实业教育方面，作者参观了大阪的农学校、高等工业学校以及高等商业学校。这些学校重视实践课程及学生动手能力的培养给作者留下了深刻的印象。大阪农学校的试验场，“地极阔大，内谷棉蔬果茶桑各类皆备”，“令学生分任培养，每岁列表，如某麦秆高几尺，穗重几许，一穗计若干粒，以次记之”；大阪高等工业学校，“有学生四百馀人，每日午前上堂授课，午后至各工厂实习”，作者两次参观此校，见学生“或削木作模型，或范砂为胚胎”，“炉火风生，碪锤竞响，几忘其为学校也”；大阪高等商业学校专门设立“实践室”，“假设税关银行，邮局各所。每到星期六，教习督饬各生，分班往来交涉，就地实习，不合宜者，随时纠正”。他了解到该校自创办以来，培养的学生超过三千人，感慨甚深，评论说：“日本商业之盛，于此可以概见。我华习俗，鄙薄货殖，甚至加以奸商市侩等恶名，从未言学校教育也。以云商战，有不立败者乎！”对于通过学校教育来培养实业人才，作者是颇为赞赏的。

在社会教育方面，作者参观的社会教育机构有：东京帝室博物馆、东京教育品陈列馆、农商务省陈列所、东京大激战油画室。他认为这些机构“寓教育于游戏”，“启发民智，莫善于此”。

三，对洋务运动以来国内创办实业的考察记录。作者参观了上海制造局、华兴面粉公司、上海集成纺织公司、大德油厂以及山东、江苏的一些工厂，从其记述可见20世纪初国内实业之一斑。上海制造局（即大名鼎鼎的江南制造厂）作为洋务派创办的最大的军工企业，经过几十年的发展，规模大为扩展，有炼钢、造船、铸炮、制枪、铜引、水雷、炮弹、枪子等十三厂，“今以节省经费，并为七厂”，开办之初聘请“洋技师八人”，“今已裁去其七”，说明该厂逐渐打破了洋人对技术的垄断，但是“每岁开支二十馀万两，制出之钢，尚能收回银五六万两”，又说明这个官办企业炼钢成本非常高昂。华兴面粉公司，“总司机之洋人，月支七百元。华人机匠，充当工头，仅四十元，以外小工四十人，总计工资，尚不及一洋人之多”，数十华人的工资不及一洋人，无怪乎作者愤慨评论：“中华膏血，为若辈所吸吮者，于此可见一斑。振兴实业，尚可缓耶！”

中国地大物博，为何实业落后，与各国相比，“兵舰、铁路、制造、学校，皆相形见绌”？作者在参观位于山东济南的基督教会所创办的广智院时，听到了数人的议论，或许能说明一些问题：“甲曰：‘我华教育未能普及，所以诸事不能发达’。乙曰：‘皆民智不开所致’。丙曰‘因提倡无人之故’”。说这番话的，一个是学堂教习，一个是省城“听鼓者”，还有一个是商人。作者评论道，这三人都是“中华之一分子，使各尽义务，未必无所短长也”。

如何发展实业？在《附上山西抚宪条陈节略》中，作者就发展山西实业提出了十条建议：铁工亟宜提倡也；水利亟宜兴办也；森林亟宜设法开采，随时补种也；可实验水力以代汽机织纺制造也；玻璃陶器宜改良试造也；机织之物宜变通改良也；军装宜分工制造也；宜推广动植各物也；宜派人赴各地练习制造也；宜助资奖金以为策励也。文中提出了“工战”术语，令人耳目一新，可惜没有进一步阐释，相比之前人们耳熟能详的“商战”术语，应该是一大进步。针对晚清为了振兴工艺，分派学生留学及委员出国调查，作者认为其弊端是“尚少实验，恐临事未必尽能得心应手”，倒不如选择“勤俭朴诚，心灵手敏”的工匠，“派赴各省或外洋工场，实地练习。迟则数年，速则数月，俟确有把握，即行回省，使创办一切急需工业”，这一建议也很有见地。

除此之外，书中还详尽记载了靖国神社内的一个战争博物馆——游就馆。作者写道：

> 日本靖国神社，祀维新时之死于国难者。旁为游就馆，陈列伊国历代军装，以资考证兵制之沿革。有油画绘元兵攻击日本人之惨状，又映照甲午之战，受伤军士，折足断臂各肖像，详注姓氏于上，记其忠烈，以示永久不忘也。馆之侧有广厦数区，分陈夺获中国并俄军战败之鱼雷、枪械、旗帜、匾额甚多，称战利品，皆书明某国某物。且有庚子华人颂德牌伞，美其名曰“国光馆”。凡我国人见之，未有不先惭后怒者，然徒怒且惭，亦复何益！

是的，“徒怒且惭，亦复何益！”唯有自强不息，方能立于世界民族之林。诚如作者在《记东京动物园》中所说：“今我华以老大帝国，虽欲自强，尚在过渡时代，人以睡狮譬之。果能振刷精神，不生阻力，何难一雪前耻。倘有不测，受人槛制，则惟有长睡而已。”作者的提醒和警告，值得后人牢牢记取。

作者李濬之（1868—1953），号响泉，山东宁津人，是清末实业救国的倡导者。他一生似乎不是很得志，书中说自己“幼而失学，廿有七岁，始博一衿。嗣游山右，每赋闲居。重以病厄，光阴虚掷，惭愤交集”。二十七岁才中秀才，其后游历山西，无所事事。身体又不好，加上时局动荡，因此悲叹自己生不逢辰。直到三十七岁那年，东渡日本考察，才迎来了命运的转机。东瀛考察之后，在舅父张之洞的举荐下，出任山西省灵丘县知县。民国建立后，李濬之曾在天津开办纱厂，并与张謇合办图书公司。但无论是为官还是兴办实业，似乎都缺乏建树，无大作为。其一生最重要的成就是中国美术史研究，有《清画家诗史》传世。全国解放后，李濬之受聘为故宫博物院顾问，致力于故宫书画鉴定，为中华民族美术文化的整理、发掘和保护做出了贡献。

如果说李濬之不过是实业救国的倡导者，盛宣怀则是实业救国的倡导者兼实践者。盛宣怀被誉为“中国实业之父”，是中国第一代实业家，从十九世纪中叶到世纪末的大型近代化工商业几乎都是盛宣怀一手创建经营的。虽然曾国藩、李鸿章、左宗棠等最早创办军用工业，但这是出于政治需要，不能说是实业家；而周学熙、张謇，其事业主要起始于20世纪初以后，应是第二代实业家。这样，堪称中国第一代实业家者仅盛宣怀一人而已。

盛宣怀在近代中国开创了许多拓荒性的事业，夏东元先生列举了十一条：（一）参与中国第一家民用航运企业：1872年创办的轮船招商局；（二）中国第一个集商资商办的章程：1872年春所拟《轮船招商章程》；（三）中国第一家电讯企业：1880年创办的天津电报局：1882年冬移驻上海，改名为中国电报总局；（四）中国第一家内河小火轮航运公司：1886 年创办的山东内河小火轮航运公司；（五）中国自办的第一家近代银行：1897 年创办的中国通商银行；（六）中国第一家钢铁联合企业：1908 年组成的汉冶萍煤铁厂矿公司；（七）中国第一条南北干线铁路：1896 年督办修建的卢汉铁路；（八）中国第一所工科大学：1895 年创办的北洋大学堂（天津大学前身）；（九）中国第一个正规的师范学堂：1897 年由南洋公学开办的师范班；（十）1904 年倡议成立中国红十字会并于 1907 年被清政府任命为第一任会长；（十一）1910 年创办第一个民办“上海图书馆”（后名“愚斋图书馆”）。上述中国历史上的十一个“第一”，都是当时中国社会所非常需要的新事业，对中国近代化起到奠基的作用。

盛宣怀在近代中国有何地位和作用？且看一些名家评述：

左舜生先生 50 年代在香港新亚书院、清华书院讲授中国近代史时，曾著《清末建设与盛宣怀》一文，对盛宣怀在晚清历史之地位作了如下的阐述：（盛宣怀）其在清末政治上地位之重要，不下于李鸿章、张之洞、袁世凯，而所从事建设各端，对于国家关系之大，尤远非李、张辈所能及。世徒以其铁道国有政策为引起革命之导火线，乃并其一生之绩业而忘之。又以其身后颇为富有，甚至以之与今日毫无建树但有贪污之腐败官僚相提并论，似欠平允。（左舜生《春风燕子楼——左舜生文史杂记》，学林出版社 1997 年版，第 154 页）

台湾中国近代史研究的重要代表人物之一王尔敏先生致力于盛宣怀研究，其《盛宣怀与中国实业利权之维护》文中评述道："晚清工商企业家，俱在恶劣环境中，洋人侵凌下，创造生机，奋力求活。彼辈百川兢流，各自奔趋。而其中经营领域最广，而才识最超卓者，当推盛宣怀，允为晚清企业界一代领袖。"王尔敏还说："我人所当肯定盛宣怀之点，在其于中国毫无经验毫无前例情况下，大胆开创各类西式企业，苦心经营，其胆识毅力，明敏干练，俱当予以肯定。同时必须面对洋商竞争，防备列强吞噬国家权益。盛氏尤掬尽心血，倾尽智虑，务求中国工商自立自主。"（见中国台北《近代史研究所集刊》第27期，第8、42页）

国外学者则非常关注盛宣怀对中国早期工业化的影响。多年来，美国密执安大学历史教授费维恺先后发表了《盛宣怀传稿：官僚和企业家（1844—1916）》《中国早期工业化——盛宣怀（1844—1916）和官督商办企业》、《19世纪中国的工业化：汉冶萍公司的实例》等论著。后来他为《中国早期工业化——盛宣怀（1844—1916）和官督商办企业》中文版（中国社会科学出版社1990年版）所作序文中评价盛宣怀：与更为典型的晚清官僚相对照，在某些场合盛宣怀是一位真正富有革新精神的经营者，这与其企业的业务成就至为相关。

国内对盛宣怀最有研究的夏东元先生，早在1988年便有篇幅达三十七万余字的专著《盛宣怀传》由四川人民出版社出版。其后他发表《非常之世的非常之人—纪念盛宣怀诞辰150周年》一文，说：

> “落后就要挨打”。盛宣怀所作所为，就是许多先进人士梦寐以求的变落后为先进使中国登于富强之域的进步事业。盛宣怀自己说“天下有十个盛杏荪，实业便有数十件。”不错，我曾说过，近代中国的十个盛宣怀，“多办几十个大型企业和新式学堂，中国社会的进步水平必将大有提高。”那中国近代史的写法就不是今天这个样子。〔上海交通大学学报（社会科学版）1995年第1期〕

盛宣怀（1844—1916），字杏荪，一字幼勖，号次沂，又号补楼，别号愚斋，晚号止叟；另有思惠斋、东海、孤山居士等字号。江苏省常州府武进县（今常州市）人。作为一个晚清的知识分子，盛宣怀的一生在两个方面颇具典型意义。一个是他不是靠走传统的科举考试之路而是靠办新兴的洋务事业而成名成家的典型。他1866年中秀才，但此后1867年、1873年和1876年三次应乡试，均名落孙山。举人既未考中，进士也就无法企望。于是“遂绝意科举”，从1870年开始充当李鸿章幕僚，全身心投入洋务事业，终于成就一番事业。第二个是他是既办大事又当了大官的典型。关于办事与当官的关系，他有一番高论。盛宣怀在初露头角时即向李鸿章表达过大办洋务事业的宏愿，他函告李氏说，除努力办好轮船、电报之外，“竭我生之精力，必当助我中堂办成铁矿、银行、邮政、织布数事，百年之后，或可以姓名附列于中堂传策之后，吾愿足矣。中堂得无笑我言大而夸乎？职道每念督抚姓名得传后世者几人哉？遑论其下。是故做官不及做事多矣”（《盛宣怀上李鸿章禀》，《盛宣怀实业函电稿》上册第46页，见香港中文大学史料丛书）。盛宣怀这里所说的“做事”就是办洋务。他虽说“做官不及做事”，却既做了官，又做了事，而且做的是大官和大事。他进入官场后，运用官督商办和商办的形式，陆续经办轮船招商局、中国电报局、华盛纺织总局、汉阳铁厂、中国铁路总公司、中国通商银行、汉冶萍煤铁厂矿公司等新式企事业，并担任这些企事业的督办、总办或董事会长。他在清政府的官职也步步上升，从海关道擢升至邮传部大臣，并先后参预了一些重大外交活动，倡办了北洋大学堂和南洋公学。成为晚清炙手可热的大员。事实证明，他在李鸿章面前没有“言大而夸”——说大话、吹牛皮，当然，盛宣怀之名流传后世，不是由于他“做官”而是由于“做事”。

光绪三十四（1908）年，年届六十五岁的盛宣怀奏请朝廷“赏假两个月”，前往日本，“一面考察厂矿，一面就医”，得到了朝廷的批准，于是以养病为名前往日本考察。八月初七日（阳历9月2日）出发，十一月初二日（阳历11月25日）返回上海，历时二个多月。在日期间，除接受治疗外，盛宣怀与日本政府的高级官员（包括伊藤博文、松方正义和桂太郎）和金融界、实业界的领袖人物（包括横滨正金银行和日本银行总裁、三井公司首脑和八幡制铁所董事）会谈。考察了日本银行、三菱合资会社造船所、川崎造船所、钟渊蓝鱼纺绩公司、八幡制铁所、三池煤矿、造币局、京都织物株式会社以及酱油厂、磁器厂等实业，游览了帝国博物馆、帝国图书馆、帝国博品馆、上野公园、浅草公园，会见了在日本养病的张元济及路过日本出任专使美国大臣的唐绍仪。此外他还与华商及留日学生交往，与日本文人墨客唱和，并多次到日本各书店访书。这一切都被他记入《愚斋东游日记》中。由于此书是研究中日关系史、日本工业史以及盛宣怀本人历史的重要史料，2008 年日本学者将此书翻译成和文出版。

盛宣怀考察的重点是日本的币制改革。日本银行调查局长片山氏（贞次郎）介绍说："论本邦近世货币沿革之大概，当首述幕府末年货币之状况，次明治初年货币之制度，次增发纸币之经历，次整理货币之事项，而终以方今之制度，此其次序也。"盛宣怀以数千字的篇幅详细记载下来，赞扬片山氏一席谈话，"原原本本，不啻将一部明治财政史，提纲挈领以示之"。次日盛宣怀回忆这番谈话，还感觉"津津有味，颇思研究财政，乃选购日本理财等书数十种而归"。其后又到日本银行参观，了解各部门机构设置、掌管事项，甚至进入金库一探究竟。在访问松方侯爵（正义）时，对方告诉他："凡百政事均须由财政入手。敝国财政初时极乱，嗣经余极力整顿，并亲赴各国考察，始定用金本位，组织中央日本银行，发行兑换券，自是乃归画一。然苦无现金，仍系虚本位，直至甲午之后，得有偿款，始得实行。"由此可见，日本在甲午战争后从中国勒索的巨额战争赔款，对于其财政制度的建立，发挥了多么重大的作用！

日本八幡制铁所因和盛宣怀控制的汉冶萍煤铁厂矿公司有合作关系，也是他赴日考察的一个重点。汉冶萍煤铁厂矿公司由汉阳铁厂、大冶铁矿和江西萍乡煤矿三部分组成，是中国第一代新式钢铁联合企业。盛宣怀在与日本内阁总理大臣桂太郎会谈时，探询了和八幡制铁所加强合作的可能性。其后又到八幡制铁所实地考察，参观了炼钢炉、化铁炉、新旧炼焦炉以及轧钢、钢板、钢钉、钢弹筒等各个车间。和汉阳铁厂进行比较发现，“以上钢弹筒、钢线、白铁皮、自来水管等厂，均为汉厂所无……中国每年所用电线、白铁皮、自来水管不知凡几，费省利厚，亟须仿行”，其他还有“新焦炉之提取杂质，马丁炉之新法，转煤起重机之便捷省事，大钢筒之节省材料，就一得之见，师彼所长，去我所短，或于汉厂不无裨助云”。

通过对日本实业的考察，盛宣怀深深感到，日本企业有许多优点，为中国所不及，值得向日本学习。一是企业家都是真正的内行而不是一些滥竽充数的庸才，钟渊蓝鱼纺绩公司“总办精明干练”，事事内行，“非谬承其乏者可比”，川崎造船所督办松方“办事精明，毫无贵介习气”。二是厂区环境优美，干净整洁。钟渊蓝鱼纺绩公司厂区“房屋之洁净，规模之严肃，工作之整齐，实非华厂所能及”。三是注重预算，“外人研究实业，最重预算，故能胸有成竹，操赢制馀，加以国家保护之周密，商人识力之远大，故每办一事，无不蒸蒸日上，卓著成效，诚视吾国胜一筹矣”。日本人办实业精打细算体现在方方面面，参观川崎造船所时，他见全厂房屋纯以白木架构，极其朴实，便好奇地询问，陪同他参观的松方督办解释说“凡办实业，总须在实际上讲究，不在饰外观”，联想到中国“每开办一局一厂，无不首先考较房屋，而内容转置后图。有延用外人者，更必精益求精，甚至有房屋甫经蒇事，而资本已去大半，遂至半途辍业者，往往而有”，国人这种重外观而不重实际的痼疾又何止仅仅体现在办实业？一百多年来又有多大改变呢？四是重用本国人才，“余此次到东，历观彼邦各项实业，无不用本国之人，不特薪费可省，而办事亦肯实心，中国专门学堂之设，诚不可须臾缓也”。

由于盛宣怀本人是个经验丰富的实业家，所以观察事物非常敏锐，颇有“春江水暖鸭先知”的洞察能力。他和日本财政家高桥会谈时了解到，旅游为“富国利民之道”，“在现时法国，每年欧美各国绅富之游居其境内胜地者，所得之款约十一万万圆，意国约三万万圆，日本约七千万圆。但照此地步，颇非容易，必须一国文化大开，交通便利，美景足以怡情，旅馆足以慰劳，始使人有宾至如归之乐，此不言富而富寓焉。”在书中慎重其事地记下来，说明他已注意到了方兴未艾的无烟工业——旅游业。或许是考虑到中国发展旅游业的条件还不具备，或许是经办实业太多无心也无力分身，盛宣怀没有开办旅游事业，否则他成为近代旅游业的鼻祖也说不定。须知到1923年8月，中国第一家旅行代理机构——上海商业储蓄银行旅行部（1927年6月改名为中国旅行社）才在上海诞生，标志着中国近代旅游业的兴起。而此时距离盛宣怀写作本书，已过去了十五年。

即使是闲暇之馀参观博物院，盛宣怀也时时刻刻想到实业。在帝国博物院，他发现“另有两室，专列各国各种矿石及矿山、矿厂模型，颇足以备研究。是知博物院之设，非但以资多识，且亦关乎实业。”

日记中有很多内容涉及日本文化及中日文化交流。记述日本汉学家冈振衣（千仞）：

> （九月）初二日。……午后东瀛宿儒冈振衣（千仞）过访。冈氏博学能文，曾游京、津、苏、杭、沪、粤等处，为俞曲园先生所称许。一时知名士皆乐与之游，系二十五年前旧交也。以所著《观光纪游》三卷持赠。余赠以一联云：“重翻日记两三卷，犹忆风姿廿五年。”

冈千仞（1833—1914），字振衣，号鹿门，原仙台藩士，精通汉学与西学，著有《尊攘纪事》、《米利坚志》、《法兰西志》等书。当时驻日公使如何如璋、黎庶昌以及其他使馆成员、曾游历日本的文人王韬等均与其有密切交往。曾为黄遵宪《日本杂事诗》校评过诗稿，拾遗补阙。冈千仞1884来华游历一年，行程万里，会见官员文士二百人，包括李鸿章、张之洞、盛宣怀等人，他以日记体把在华旅程写成《观光纪游》。

记与日本名流欢聚一堂：

> （九月）初八日。晴。原口古市就旅馆开欢迎会，并邀请书画诸名士，结海外翰墨缘。原口赠诗，北海赠画，皆席座一挥而就。北海并有来游西湖之约。余赠以联云：画宗北苑一时杰，愿约西湖十载游。赠原口云：感情嘉会诗书画，老健长吟石松梅。又云：同轨同文来万里，能画能书萃一堂。皆就事实拟撰也。是日到会者三十馀人……中国乾嘉时颇有此韵事，今则海外流风盛于中土矣。

中国人赠送给外国人的对联，作为中外文化交流的重要方面，似乎还没有引起学者们的注意，各种对联选本也几乎看不到此类对联。

记东京帝国图书馆规模、借阅手续、每天到馆阅读人数等：

> （九月）初十日。晴。……赴帝国图书馆，大楼二层，规模宏敞。藏书楼共八层：每层高仅七尺，书架称是，便于取携。每日看书者约七八百人。据接待员云：所藏宋版及钞本不少，惟不付阅。其阅览室，分特别、寻常、妇女三处，入阅须先购券。特别券纳资五十钱，寻常三十。卷轴浩繁，不及细观。购取其书目一部，并留题游日，以志鸿雪。

记清末中国人在日本收购汉文书籍情况：

> （九月）十五日。阴。文求堂主人送书来看。经史子集约略俱备。选购得约数百种，内以钱牧斋选刻之杜诗、《列朝诗集》及明刻之《管子》、仿宋本之《李白全集》等数种为最。因是东京各书肆颇有闻余嗜书者，络绎送观，大可排遣。随阅随购，统计新旧不下千馀种。据彼邦人士云，日本从前旧书甚多，中国人之来此收买者，以汉阳杨惺吾大令（守敬）为最早最多，继之者有德化李木斋星使（盛铎），瑞安黄仲韬

学使（绍箕）。此外之零星搜求以及贩售逐利者，时时而有。近年帝国图书馆广为搜罗，苟有善本，不惜重价，是以坊间百无一二矣。余意本备将来开办图书馆，公诸同好，与收藏家不同，故和汉新旧，不拘一格，惟山海壤流，愧无以裨助学界尔。

这是研究中国藏书史及中国图书馆史的好素材。

中国人在日本经商的情况也备受作者关注。他会见了神阪中华会馆的商董，与他们交谈中获悉在日本经商的华人中神户最多，有三千人，分为三江、广东、福建、北帮四帮，还了解到从前对日进出口货物均由华商经销代理，生意颇好，如今则“大半日人自理，迥不如前矣”。有个华商王惕斋（王仁乾，字惕斋）过访，王在明治初年到达日本，居留四十年，亲眼看到明治维新的巨大变化。交谈中盛宣怀见王惕斋少一左臂，便好奇地询问，王回答说是十六年前乘坐人力车时被日本贵族乘坐的马车撞倒碾伤，后请律师打官司，最终胜诉。王虽久居日本，不忘祖国，“曾有条陈当道改良时政书，及时弊琐言”，盛赠以对联“君老游踪观变政；天留右手写新书”，可谓切合。在晚清赴日考察的官员日记中，时常可以看到王惕斋的身影，但都是一笔带过，盛宣怀的日记，有助于人们了解这位热爱祖国又颇有传奇色彩的商人鲜为人知的一面。

盛宣怀虽然是以养病为名前往日本，但他亦官亦商的身份备受日本政界重视。在日期间，他拜访了日本明治维新时期的元老重臣大隈重信，但是大隈重信只字不提时局政事，只是大谈养生之道。他还会见了发动甲午战争以及逼迫李鸿章签订《马关条约》的伊藤博文，会谈中伊藤博文先谈了对中国预备立宪的看法，接着说了一番巧言令色的话：

> 余虽衰老（伊藤博文1841年出生），对于贵国颇具热心，犹忆甲午一役，敝国上下均不以停战为然，余以一人主持其间，和议始成。庚子之事（指八国联军侵华），全球震动，并非日本一国发难。现在中日两国极形亲睦，然而挑唆之人时伺其旁。所望贵国日进富强，不使外侮乘内衅而生。设一旦再有变故，则日本虑唇齿之寒，亦岂能袖手坐视。贵大臣二十年旧交，故不惮一诉衷曲，并有八字奉赠，曰顾全大局，不争小事，当为贵大臣所乐闻。

作为侵略战争的罪魁祸首，却把自己的罪责推得一干二净，把自己打扮成一个热心中日友谊的友好人士。另一面却恫吓中国，“设一旦再有变故，则日本虑唇齿之寒，亦岂能袖手坐视”。强盗嘴脸，暴露无遗！感谢盛宣怀，原原本本将伊藤博文的谈话记录下来，让人们看到日本一些政客的真面目。

李濬之东隅琐记□

光绪三十一年乙巳（1905）

十月初旬　　由天津起程赴日

约行六日　　抵神户、大阪

约五月后　　返抵天津

□据民国初铅印本
□赖某深校点

李濬之东隅琐记目录

李濬之东隅琐记

客秋，南皮抚帅派游日本，辞不获已，乃由天津东渡，往返凡五阅月，自恨闻见无多。旋里措资，复自津赴申，折青岛而济南，是役也，又七十馀日。管窥所及，拉杂记之。

受张之洞派遣赴日考察

记东游航路中

乙巳十月初旬，由津门起程，乘汽车赴塘沽，赁日本邮船，放洋东渡。约一昼夜，至芝罘（即烟台）。又行四日，忽见列岫相迎，海面为隘，少顷已至马关。有日人语曰："对岸春帆楼，即李文忠议约处。"四面危峰插天，松杉滴翠。回忆中土，童山濯濯，皆不讲森林之故。尔时欢迎凯旋，山麓饰"万岁"字样，取山呼意也。又有炮台军舰，布置周密，洵为天险。次日抵神户，登陆乘汽

自天津起程

车，行一钟许，至大阪市，地为巨埠，乃日本工商荟萃之区。

记航业之关系

初乘邮船，乃赁之英国者；及回国，搭大阪商船会社之“大智丸”，载一千八百吨。其买办系广东人，以银五千元存储日本银行，始获经理其事；共九华人，月得薪水二百馀元，如有错误，即以储款作抵。由大阪直航天津，每半月往返一次。据船中人云：“常时神户炭每吨三元馀，自日露战后腾贵，甚至八九元。”该船日需炭七吨（每吨一千六百八十斤）。费虽较巨，馀利尚多。故彼国航业日盛，各地汽船会社林立，东亚航路，四通八达，输彼货物，剥我膏血，即此东隅所失，已不胜计，况有百倍于此，如欧美各国者乎！假使东渡者集合旅费，自制一艘，同舟共济，岂不甚便！或与购运洋货之华商联合，立一汽船会社，尤属易事。不然，租赁船只，以华人经理之，亦可练习航业也。况汽船与铁路，皆交通世界之要政，与海军大有影响，中国招商公司，为汽船领袖，更宜留意图之。

日本航运业发达

记大阪农学校

大阪府立农学校，在东区鹤桥村。参观时，校长井原百介氏极欢迎。校内有中国留学生二人。先导观各校室，其课程年级，一一标示各室门侧。次至标本室，储东西洋各式农具，其锄锹犁耧，制法与我国大同小异。兼有极大者，未免笨重；有小巧者，又恐单薄不能经久。盖地有平原山水之分，故器亦异状。有喷水器，用压力如唧筒，以防雾灾。刈禾器式如剪刀，并饲蚕抽丝各具，无一不备。附哺鸡器，木制，形如方柜，中有屉板数层，用置鸡卵，下燃一灯，以发生热度。其法较用人力，未尝过之，但不致有碍卫生耳。又陈列各植物图画标本于一室，并禾麦受灾后各变相。各虫鸟之有益有害，略为区别指示。至谷稻菽麦籽种，与中国略同。惟麻棉种类极多，其优等乃欧美所产。又冒雨至试验场，地极阔大，内谷棉蔬果茶桑各类皆备。令学生分任培养，每岁列表，如某麦秆高几尺，穗重几许，一穗计若干粒，以次记之。但时值冬际，草木凋落，场中已无足观。又至家畜豢养处，凡牝牡交尾、割骟、断尾、切蹄，事事实验。牛凡数种，有宜水地耕种者，有乳最良者，皆圈木栅中。入兽医室小憩，因出示其疗治畜病器具甚多。适有马患日病，方关入暗室内疗之。并有病猫病犬，皆市人送去疗治者。闻之初颇诧异，及至东京，见有专立家畜病院，始知虽一畜之贱，亦不能听其自毙，可谓仁至矣！复至一处，有学生数人，方按一牛一马，操刀剖解。询之系研究生育之理及病死缘由云云。

大阪农校

喷水器

家畜病院

记大阪高等工业学校

大阪高等工业学校

大阪北区玉江町官立高等工业学校，其科目：一曰机械，凡物理蒸汽重力，与制造织纺糖油各机械属之。一曰应用化学，研究一切声光化电，石油、瓦斯，鞣皮、制纸，石硷、蜡烛等事。一曰染色，所用颜料，皆实地试验之。一曰窑业，凡陶磁、玻璃、炼瓦、七宝烧均隶之。一曰酿造，试造青酱、豆腐、酒、醋各物。一曰冶金，取矿质捣碎，入罐熔解，验其优劣。一曰造船。一曰舶用机关。共八科。始于明治二十九年，开创经费五万馀元，计占地六千六百五十九坪（每坪方六尺）。现有学生四百馀人，每日午前上堂授课，午后至各工厂实习。教习之外，复佐以技师。余参观二次，皆由天津留学杨君实君绍介。计讲堂二所。铁工场，分铸造、锻冶、制罐三处。其木型、窑业、染色、酿造、冶金化学，各占一区。当时周历各场，见诸生执业，左右奔驰，俨若艺徒。切磋琢磨，取砺取锻。或削木作模型，或范砂为胚胎。一时耳目所接，炉火风生，碪锤竞响，几忘其为学校也。又化学分析室，旧式水皆分贮，火用酒精灯。时方新构一堂，每案排比皆有自来水，并瓦斯发生机管，随意取用，尤为利便。至冶金一科，附设矿物见本室。宁波孙君海环，特为分别指示。罗列五金矿质，累累数千，各有标题。但恨平素无此学问，终未能了然于胸中也。闻校中曾经毕业生，已有二

几忘其为学校也

百五十馀人，至各会社局厂，分任事务。有驹井氏，现充天津工艺学堂教习。内中国留学数十人，尚无毕业者。

记高等商业学校

大阪高等商业学校，创于明治十三年。初为商业讲习所，数经沿革，改称今名。计分本科、豫科、甲种科，每科修业各以三年为限。生徒定额，本科、豫科三百名，甲种二百名。教师三十四人，薪水二万馀元，以及各项经费，每岁支出之款，三万有馀。计收学费不满万元，其国家补助三千六百元，馀款皆为市内所担负。当经参观时已傍午，各堂多下班者。教谕加藤彰廉君，导观商品陈列室。凡制造原质，如麻、棉、皮毛各料悉备，制成货品，以机织物为大宗。其出产之国，购物之价，皆标注明晰，以便比较贵贱，研究优劣。各国币制之沿革，分绘图画，张贴壁间，使人一览无馀。五洲工商地理，汽船、火车路线，亦皆有图有表。厅事居中为实践室，假设税关银行，邮局各所。每到星期六，教习督饬各生，分班往来交涉，就地实习，不合宜者，随时纠正。其课程以商业道德、作文、算术、经济、财政为根柢，旁及日本工商历史地理、万国工商历史地理。又有商法、习字速写、会话、翻译各课。于中英语言，尤为注意，用中英两国教员直接教授，以免舛误，亦教珠算，取便用也。据云：校内学清语者百五十馀人，自立校以来，总计生徒逾三千之数。日本商业

商品陈列室

开设课程

之盛，于此已可概见。我华习俗，鄙薄货殖，甚至加以奸商市侩等恶名，从未言学校教育也。以云商战，有不立败者乎！校长福井氏，并出示各种税法印纸簿记格式，临别又指壁间悬挂数遗像语曰："此校中学生，从军征露阵亡者，特留为荣誉纪念耳。"是日风雪交作，归寓后衣尽沾湿，回忆我国积弱，倍觉怆怀。

记爱珠幼稚园

教育之善无孔不周规制完善爱珠为最

日本教育之普，无孔不周，其幼稚园，尤为务本探源之法，规制完善，以大阪爱珠为最。园设东区今桥三丁目，特往参观。入应接室，招待者呈一册，令自书姓氏于上，以为纪念。次导至游戏场，见男女幼儿二十馀为一班，一保姆握稍长者之手，缓步唱歌，徐徐前导，群儿依式随后，附而和之，周折旋转，皆能循规蹈矩。旁一保姆，抚按风琴，与之相随，音韵悠扬，疾徐合拍。因询歌中大意，乃演儿童睦邻合群之事。其举止容仪，礼让娴雅，具见烂熳天真。次至开诱室，室凡四所，分课诸事。简单字画而外，如谈话，分修身庶务各类。又有积木、板排、环排、箸排，皆寓规矩于戏具，借方园曲直，种种形式，使会悟远近大小广狭高低之位置。又有画方、刺纸、缝取、剪纸、折纸、织纸等目，使练习运用臂指。又用细竹穿豌豆，肖楼台桥塔之状，抟土作各物形式，名豆细工，土细工。以细绳扣结各花样，名系方。按日分课，借以触发手技，为将来模仿构造物理之用。所谓体育、智育、德育，兼而有之。又纵览标本室，陈列各课戏具，美其名曰恩物，并图画标本，幼儿手制之物。保姆八田嘉志，出示吴挚甫先生题赠“蒙以养正”四字，并张季直殿撰书赠一轴。又述园初创时，因模仿泰西，多疑为惑于西教，幼儿少应募者。嗣建神殿，保姆率幼儿膜拜之，群疑始解。园中规则，幼儿自三岁以上，六岁以下，日授课四五小时为限。月纳保育费数角。每岁入园者，约有数十人，须已种痘者。有入园愿书，并保育证书。凡保姆数员，分任保育各事。始于明治十三年，已阅二十馀载。园内经费岁需二三千元。组织创建者，为丰田文三郎，屡经沿革改作，约费八万馀元。今大阪工商繁盛，为日本全国之冠，当以此园为造就国民之基础也。回忆华人，当幼稚时代，为父母者，每因家务繁多，无暇训教；甚至惑于舐犊，偏心溺爱。使幼儿在家，诸多恶戏，终日秽污鄙琐，饱食习惯；以致身体脆弱，心性不良，遗误终身者不少。有子孙者，亟当集资开园，聚群儿，请保姆代为教导，用补家庭教育之缺陷。就良知良能，涵养启发之，十年教训，未始不突过日人也。

访问过此园的中国名人

幼稚园为造就国民之基础

记师范学校

大阪师范学校，在南区天王寺间，予与贵州徐君葆常，偕往参观。入应接室，道来意，知事黑木君，以次导观各学科。每室容六十馀人，室皆二门，教习学生，分别出入。门之侧有黑漆小牌，书科目学年等级，日间课程钟点。一教习讲博物学，手执龙虾（日本水产），剖其肠胃，一一取示诸学生。又于黑板上，分画形状，详注名称。学生排坐于前，二人一案，案各有盘，置一解剖之虾，以便详视。一室方授汉文，课本乃选中国短篇古文。教习与某生，有所辩难，某即起立应答。一教外国语言，方授英语。其画图科，适教习取带叶萝苋作稿本，练习阴阳向背设色之法，口讲笔画，令各生侍立左右，注目视之。其手工科，有技师数人，铜锡铁木之外，并有泥抟纸糊，与铜铁丝编造之物。见一生刨一木，其尺寸格式，皆详注黑板上，如课题然。标本室储动植各物，岩石矿质，一切仪器之类。嗣阅自修室、图书室、阅报室，后至附属小学校音乐科，因彼军凯旋，演习欢迎唱歌。教习先启口为倡，手执一竿，随声作抑扬，学生各执歌词印纸，徐徐和之。每一句必反复数次，及音节合拍，乃再易一句，歌之如前。就视其词，略谓俄人鸷横，终不敌日兵猛烈，寓激发士气之意。又至寄宿舍，每室置木床七具，各标一牌，书学生班次姓名。床皆铺以洋毯，陆军枪械，皆置于侧。演操时，结束服装，水瓶丸袋，一如军人，见教习亦举枪致敬。宿室外间，贴壁有长条木板，置放牙刷石硷，并分记姓氏于上。其盥洗所在长廊下，盆用亚铅制之，式如园筒中剖，两端各有铁轴，外饰木框，安置砖甃台上。用则仰之以贮水，毕乃复之，水即沿沟流出。盆台之上，

讲博物学解剖龙虾

师范生一如军人

有通长自来水管，于各盆间，分设螺旋铜柱，以手拈之，则注水于盆内。院中隙地，区分数畦，令各生分植卉木，取空气流通，且留生意耳。时值多疫，校内张贴街道地图，凡有患病处所，用朱笔标示，使众避之，以防经过传染也。食堂中排列长案，分置碗箸。以至炊事场，与浴场、病室，皆秩序井然。旁设便门，备意外之警，并使各生习救护之事，如消防队。立法可谓周密矣。

记大阪控诉院暨裁判所

日本全国计控诉院六，大阪其一也，如中国之按察司。凡裁判所不能审决者，可到院呈控，诉讼法分民事、刑事。公庭乃一巨室，室之侧有二门：一在前，为诉讼律师诸人所出入；一在后，专为问官而设。参观者即由此入。门内饰以地板，高约三尺许，可俯视一切。前设弓形之长案，判事五人，以次列坐。其左与右，一为检事，司查引证据；一为书记，缮写供词。馀坐于判事之后。其下右侧对坐者，为辩护士（即律师），问则起立以对，恂恂如也。原、被告立于左侧，寂无一语。有佩刀巡查二人。再前有长椅数排，皆旁听者，虽数十人，静坐无一唾涕之声。随至裁判所，规制亦略同，惟三判事会审耳。刑事罪犯，用长索束缚腰臂，戴以草笠，遮其面目，恐丧失廉耻，难于悔悟也。

刑事犯戴草笠遮面

记掘川监狱

大阪监狱，在北区掘川之右，地势宽敞。时适防疫，门外喷以药水，内分数区。先至典狱室，出示日计表数纸，并一簿，题曰参观者心得。阅其大纲，分徒刑、流刑、轻惩、重惩，又轻禁锢、重禁锢。皆自一月至六月，一年至五年。初犯、再犯至五犯，幼年未丁及成丁，各有等差。一静谧害罪，凡抗拒公务、私造枪弹、凶徒聚众、逃走皆隶之。一信用害罪，伪造货币印文、札状证书、度量衡，与欺诈投票者附之。一康健害罪，凡关系卫生，如传染病、危害物品、饮食不洁，及私医贩卖药剂均附之。一风俗害罪，则赌博之类，并毁尸掘墓。一妨害农工商业罪、一官吏渎职罪、一个人身体对于祖父母之罪，如谋杀、故杀、自杀、殴伤、拐诱、诽谤之类。一对于财产之罪，窃盗、放火、失火、决水、沉船、家资分散、遗失、毁坏动植物是也。一刑法违警罪、一海陆军刑法。共计九门。嗣以次导观各处，皆以黑色长条木板为墙，设大铁栅为门，又开小门于下，以便出入启闭，防疏虞也。各有警察巡视。院之中心为监狱，乃极大之屋，一一间隔之。门各有牌，书记号数，附书犯人姓名于背面。凡初入监者，衣袴恐有不洁，用热度蒸之，易以杏红粗布之衣，编记字号，使充洒扫各役。其女犯，分任洗濯缝纫之事。据称另有习艺工场，内初犯数人，宜养其羞恶之心，不便来宾阅

罪名分为九门

视。监中附设病室、浴场。并有教室一，授课形式，如小学校。又令僧人，于每星期宣讲佛法，以劝化之。于典狱官所居室后，特设一圆厦，式如伞形，中间一柱，旁用木板界分之，每段可容一人，周围之墙，高仅及肩，留出入之口，为各犯与其家属会面之所。如欲寄信，并有人代为书之。体恤罪人，可谓法良意美矣。

体恤罪人可谓法良意美矣

记住友伸铜场

日本五金矿产，以铜为最多，大阪北区住友伸铜场，尤为制造铜业之巨擘。因该场主人住友吉氏，为大资本家，其营业如银行、矿山、仓库、铸钢各支店，计四十馀所，此场乃其一部分也。场中所需原料，由住友自开别子矿山，运输挹注，皆不取诸邻。共机械二十馀部，引擎七百五十四马力，用造粗细铜丝条板等类，内附压榨制造机械，购自美国。兼制锅盆各什物，一日之间所出铜数约重万斤。其制法，先熔化铜质，倾铸方圆长扁各式之胚，再依式分入各机，次第轧之，或条或板，种种皆备。至铜条伸长之法，取一端穿入钢板之孔中，用一钳式之机，挂牵钢索上。索扁形，横绕轮轴间，如皮带然。索随轮转，铜即由钢孔徐徐引伸而出，与中法拔丝工作相似，但迟速良寙不同耳。并造铜币圆胚，皆为中国所定购，较云南价廉，而质未甚精。据称铜丝多为电灯电话之用，板则为钟表船底炮弹所需。其馀输售我国尤不计其数。该厂铜丝铜

住友伸为铜业巨擘

产品曾登录商标

板，曾赴巴里赛会，获奖金银等牌。日本劝业博览会亦陈列之，得邀赏名誉银牌，并登录商标。

记川崎铁工场

大阪川崎铁工场，凡二区：一制机械，其形式略似沪津各局；一造汽船，规模较大。其生铁钢板多取之西洋，兼用湖北汉阳之铁，因彼国铁矿无多故也。有二船坞，深二百尺，可容巨舰。据称创造汽船，该厂最为得法。时方造一大锅炉，约千匹马力者。其制造之法，先取径六分厚之平钢板，依式割截；次用长杆横伸之汽钻，沿边穿孔；再徐徐回折如瓦式，以恰合眼孔之钉，分段联合之；嗣用起重机悬挂离地数尺，逐次锤击钉之末端，使极坚牢。以至笨重之物，两人推转，绰有馀力，亦云巧矣。其造船之工，先从船底起手，次第用钢柱，及工字三角各钢条、立架；再于四周上下，加钉钢板。尔时为两江代造鱼雷艇四艘，其二艘已将竣工：长径一百三十一英尺，排水力八十九吨，每小时能行二十三海里云云。以我国矿产之富，因工艺未兴，动辄借材异地，可耻孰甚焉。

日本为中国代造鱼雷艇

记大阪阿部制纸会社

日本机器制纸之业，如东京、福岛凡数处，阿部特其一也。该厂系合资创立，始于明治二十三年（光绪庚寅）。原有机器一部，因日渐发达，阅七年至乙酉，大加推广，更由英、德两国，添购新式机器二部，兼造最薄之纸，凡卷烟、火柴盒，皆可用之。原料以楮丫雁皮、乱麻为最佳，次则破布、褴褛、稻草、麻秆、木柴等物。先用水淘净，加以药料，入汽锅蒸之使烂；用大轧机，碾轧极细；再加漂白之剂，去其渣滓，提取汁浆，输入抄纸机池内。机阔约四尺馀，长径二丈许，横排粗细轮轴数十本。其粗者中空，嘘以热度，以助干燥。并有两轴平列，距离甚近，轧纸使平且亮。用极长之细绒布，上下缠绕各轴间，机关一启，汁料自然喷泻布上，各轴相随运转。布至机之末端，纸已与布脱离，有刀以次切截，纸乃徐徐平铺机下，厚约寸许。即移置他处，再为折迭打印成包。该厂一日间，可出新闻纸重二万磅，普通印刷纸二万磅，各种薄纸一万磅。据云输入我国之连史纸，年约十馀万捆二篓，每篓一千四百馀张，价约六元许。闻日本造连史者四处，每年销中国者，计四五十万捆之多。今上海机器制纸，仅有纶章一厂，勿论欧美，即与日本比较，已觉相形见绌。欲图抵制，是在继起之营斯业者。

日本连史纸倾销中国

记东洋硝子制造业

玻璃利用之普，于陶业内占一大部分。自石油畅销，仅洋灯一端，灌输内地，已是绝大漏卮。查日本硝子工场林立，得参观者，如大阪之岛田、手岛，东京之系永制造所、硝子株式会社，制造酒瓶、杯盘、洋灯各器物。其营业规模虽不一式，而制法略同。先将原料砂质配合，纳入炉内坩埚（土制之罐），或炼以煤火，或用瓦斯（即自来火），候熔解后，以铁吹筒搅出吹之，成空心之泡。如造灯罩，依式再用铁钳回转抟摩，制出上下两口；酒瓶则入瓶模吹之。至大口厚质各器，皆以铁模压之。询其技师，月支日银七八十元，其小工计器之多寡给价。又询其铁模出售处，皆秘不余告。嗣从各商店设法探寻，始知专卖者为本所区钬治善太郎。至业平桥，上杉制坛所，购其一具，以作标本。其大坛型，用足踏自然开合者，每具十六元；附属活嘴瓶口钳子二元五角，托瓶长柄钳子一元八角，吹筒一元，铁臼三元，皆系割引安价云云（日语格外从廉也）。

规模不一制法略同

记石硷制造所

华商山东黄县王君，邀至粉川町，参观春元石硷制造所。该厂洋皂销路甚畅，查询原料，所用各油，多由中国输入。先熔解分析，使油质清净；再用铁锅煎熬，以俟油汁渐浓，倾出之；候冷，凝结如黄蜡，复置机内，徐徐旋转，削成薄片；又入一机，口上仰如斗式，中有机轮，磨片作屑，并嘘以热度；随以压力轧之，使细腻柔软，自下端铁管吐出，即成二寸许扁方之条。每长二尺许，断为一截。另有轧花机器，镶嵌铜模，方圆大小，随意换用。机

肥皂制作方法

之两端一轻一重，取其俯仰自然开合。再将扁条切作小块，纳铜模内，用足踏机，即印成各式花样矣。其精制者，装以彩色之绫，次者亦包裹以华美之纸，外各饰以纸函，多销售中国云。

记磷寸制造业

磷寸（即火柴）为日用所必需，各国制造，以法、美输出为最多，日本次之。实业日本（书名）所列之表，明治三十七年，输出清、韩、印度及各海峡，额金九百馀万元，内计中国四百馀万元之多。其所购原料，如赤磷、黄磷、松脂等物，比较磷寸之价，不过十分之四云云。华商王巍占介绍参观大阪制造磷寸场，机械多木制。其木柴之棍，初极散乱，入机整齐钳束之，蘸以胶水。次及药料，置架上干燥之。至装盒成包，多系女工，工资甚廉，故流销愈广，但质料殊不佳耳。其国内自用者，名安全火柴，免致碰损发火，误食中毒。法于匣之侧石，涂抹磷质配合之胁药。木柴及匣，系在产木之区，就近制造。闻宁波孙君实甫云："旧法刨木为平片，堆迭以刀切之，如中国之切面条。新式机械，截木为短节，用利刃横旋之，如长带形，出数既多，木质亦顺，更为优胜。"

火柴制造法美为最日本次之

安全火柴

记大阪电灯会社暨东京瓦斯会社

电灯会社

大阪电灯会社，创始在北区中岛。近因需用者日多，又于西区安治川口间，分设新场。裁判所翻译官桥本良哲为绍介，先导观旧场，内多制造大小电灯、电气各种机械出售。嗣至新场，地势宏敞，中央一极大之楼，其下层安置锅炉八只。时已日暮，一齐燃烧，据云日用炭六七万斤。有新式大引擎二具，所磨电力，每具可发生万枝烛光。其大轮二，约径二丈许，半出楼上，半伸楼下。于炉火电光之下，双轮疾驰，轻如蝶翅，回转之声，如雷震耳。心中怦怦，两目为眩。其引电之线，自上而下，按区分排，密如蛛网，洵巨观也。闻燃八支烛光之电灯，一月出费七八角。西京更有创用水力者，费可减半。我华依山背水之地，大可仿行也。又电气之外，其最利用者，为石炭瓦斯（即自来火，俗称煤汽）。日本东京瓦斯会社，在神田锦町三丁目，附有陈列场。其各式之灯，及大小暖炉、厨灶等具，以数百计。价廉物美，凡瓦斯汽管所至之处，即可随意安置。至一切实业工场，各机器之原动力，亦可取用，较电气不相上下。山西煤矿甲于五洲，惜尚无创设者。

瓦斯会社

煤汽广泛应用

记造洋钉工场

日本所用洋钉，多由英、美贩运。今大阪市内，仅有一场创造，仍购西洋粗细铁丝为原料。但用小锅炉引擎一副，运转大小机车十馀部。大者阔尺许，长三尺许，可造粗如黄豆之钉，日出百馀斤；次者长二尺馀，阔不满尺；又其次者，用造细小各钉，其质既轻，所出斤数，以次减少。其制造之法：取铁丝盘置机下，引其一端，穿入机内；轮轴驰转，始用猛力排挤碰出钉头；次将末端截作锐尖，轮再回转，钉自堕落。凡机一开合，约不逾二秒钟时。亦可用极细铜铁丝造成小钉，短长粗细，只随意改换零件。故一机可兼造数种。询其价值，据称自五百元至二百馀元不等。查此机形式简单，如购一二具，作为模型，当可仿造试办。虽购料于欧美，犹属得寸则寸，较胜于因噎废食也。 所用洋钉多由英美贩运

记西村铁工场

西村铁工场，专造钢铁螺旋钉，在东京牛込区小川町，西村清氏独资营业。用五马力石油发动机，购价七百五十元。日本石油价廉，小工厂多用之，以代汽机。内有新式大机车一部，造一切螺旋钢钉，大小随意，尤极灵巧适用。每一钟时，可出一百六十枚。据云：购自美国，价 民企为海军制造钢钉

银三千元。该场所制之钉，系专为海军指名制造，即此可见伊国官商联合一气，且专攻一艺，故易臻精美。我国预备立宪，一切制造，凡可分工之事，艰巨者官为创始，轻简者招商承办，庶几众擎易举，款不虚糜矣。

记铜螺旋钉制造所

东京山本熊太郎螺旋钉场，在小石川小日向台武岛町。彼国黄铜螺旋钉，由伊创始。计自英尺二分，径长至五寸，凡数十种。每一百四十四本，自日银数角，至十馀元不等。物既适用，价亦较廉，屡得赏牌，登录商标。凡建筑木工，多取用之。机器虽用蒸汽，尚不繁重，现芝区内有仿行者。机车轻简，但手摇足踏，仅数人已可制成，诚土法改良之简便法门也。

物既适用 价亦较廉

记藤井制药所

制药所

藤井制药所，在东京南葛饰郡，深川釜屋堀，其执业者为寺部喜与君，制造寻常工业药品。时方造硫酸铁，取废铁作原料，入釜中以蒸汽蒸之。次将水放入池内，候冷即结为晶块。每磅售日银二分，染黑色用之，即中国之皂矾也。又造漂白液，取粗陶磁径七八寸，高尺馀之筒，接合高八九尺，如烟筒状。分甲乙丙丁四筒，相距各尺许。另有横筒，使各通气。每筒之上端，置小缸，缸底穿细孔，其下穴地以甕承之。旁置蒸汽罐，汽管通入各筒，漉下石灰浓汁，即为漂白液。每磅售日银三分。至灰与黄配合之量数，询之再三，不肯直告。但云须实地试验，乃可有效。附制硫酸曹达，及付生之曹达灰，并芒硝所制之炭酸曹达各物。时皆停工，未得参观。又山东某君述漂布法云：用铁锅一口，贮水六分满，入苛性曹达，化开调匀，以手撚发滑为度。取绵布先以水湿透，置内煮之，水少随添。煮一点钟，将水倾出，另换清水，重加苛性曹达，比初次微少。仍煮一点钟时，将布取出。随取漂白粉，装布袋内，置水中漉出粉汁，以清水变白色为度，浸布于内。经一昼夜，再以净水洗濯，至水极清，即成漂布矣。又漂白粉如用多，恐伤布之原质，即加少许之硫酸水以化解之。硫酸有烈性遗毒，须加醋酸水以淘之。 漂布法

记绞线绳工场

东京小石川西丸町，有绞线绳工场。其绞绳车乃用木制之架，其下脚安四小木轮，置木条轨道上。架之中心，一径三尺馀之大木轮，厚约六寸许。架之上端，平列小木轴三十本，轴中贯以铁锥。其一尖作钩，以钩拗挂线缕，用线绳三十条，形如中国之纺车弦，略似洋机器之皮带，自大木轮牵绕小木轴上。大轮有短柄，柄一摇转，牵动各小木轴，随之旋转。其铁锥钩挂之线，即可次第绞合成绳。据称细绳，每日一人约得四五百目，中等七八百目， 绞绳车工作原理

粗者约重千目内外之数（日本一目即中国一钱）。较之我国旧法可速数十倍。

记商品陈列所暨劝业协会陈列场

大阪商品陈列所在北区堂岛三丁目，所陈之物，以日本国内出产制造者为多。凡织物、竹木、陶器、金属、矿产，以及日用必需之品，各分一部。由右侧入门。第一室杂列欧美制造各种精品，光怪陆离，目为之眩。一室榜曰“特别参考室”，列中国服用各物，率皆粗恶者；并有红缨官帽，系绳于金顶以悬挂之；其尤不雅观者，为妇人之弓鞋。又设建筑各式雏形，内有中国之魁星楼，木雕偶像，形状颇肖，题字云：“此怪主支那（即中国）文明。”可谓恶作剧矣。然谬种流传，所望群起而革禁之。又东京日本桥两替町劝业协会，陈列其内国物品，规模虽逊于大阪，其清洁华丽则尤过之。至化学药料、印刷用品与水产饮食各物，较为完备，皆注明价格，以便购取，且资参考也。

特别参考室

记东京帝室博物馆

上野帝室博物馆，以国费营造，重楼高耸，规制壮丽。中央陈列为天产部，石之类多禽兽鳞介所腐化者，尚有鸟趾、贝壳、鱼骨、象胫各形状。有木化石，长四五尺。前人云：松化为石，可见并非臆说。其金属化学矿质以数千计。细阅各种铁矿，赤色者六，褐色者七，砂质十八，云母二，磁铁矿十有一。有凹凸地图，解剖矿山模型。动物标本有鸾鸟，状类雉鸡，修尾长三尺馀，色深黄；翎有相连如钱之圆花斑，颇雅观。又有麟，略似牝鹿，颈细而长，全体之毛，白纹黄质，如界画者。有一角鱼之角，白似象骨，粗径二寸许，上端极锐，长五尺馀。一历史部，储用石时代之斧、枪、镞、棒、刀、镜各石器。货币类，计中国古币六十馀种，录其铲形文字不经见者二十一品，磬币藕心，各式皆备。图画有虞舜及白居易像，查嗣瑮、周煌、戴明说行书各一轴。其本国文字，以光明皇后书《乐毅论》墨迹，大和国奈良市石拓为最。有苏州寒山寺瓦，长城与圆明园之砖。又陈虾夷所用鸟羽服饰，草履戈矛之类。并埃及古棺，印度念珠，借以参考外国风俗优胜劣败之理。其尤可耻者，内设吸烟器具，并仿造妇人赤足。彼虽揭我之短，又不能置辩，不禁痛心疾首，始欲隐忍不言，而又不能已于言也。一御物部，用示当王之制，以坚其爱国之心耳。其美术工艺陈列之品，尤更仆难数。凡周览二次，以时迫心拙，未获详记为憾。又帝室图书馆，搜集各国书籍，闻有一千馀万卷之多。今新构书楼，极力扩充之，方兴工营造，停止参观。

揭中国风俗之短

记教育品陈列馆

东京本乡汤岛三丁目，教育品陈列馆，附于孔子庙中。一在大成殿前，一在庙之左侧。凡试验声光化电各仪器，演解地球行星所用诸物，测度各式量规表镜，人体解剖，飞潜动植，一切图画标本、建筑制造各种形式，以及金木各工之机械，区分类别。除罗列简单器物之外，或仿制模型，或绘列各表，俾得就性之所近，逐类研究。启发心智，莫善于此。余一时博涉泛览，觉目眩神昏，心滋愧也。今天津创设陈列教育各品，颇有可观，惟风气甫开，参考者尚不甚多耳。

启发心智莫善于此

记农商务省陈列所

东京农商务省陈列所，在京桥筑地间，搜集世界各国制作之物，分部陈列之，细大不捐。凡农林水陆各业，一切日用所需，无不悉备。有清韩贸易参考室，陈我华及高丽习俗所用之品，并欧美销售两国货物。盖使其工与商，揣我所好，以便仿造研究也。又特设一区，专陈其国内发明创造之器械模型，皆特许专利者。有灌田水车，名扬水机，乃木制大轮，临流旋转，即可挹彼注兹。有织草席绸布各机，各式厨炉、洋灯、浇制蜡烛模型。并有糊纸函之木胎，状如鞋楦，以三尖木板凑合之。石油瓦斯燃烧器二

发明创造之器械模型皆特许专利

具。余未明其理，监视者特检说明书示之。其馀各物，不能枚举。内捕鼠具极多，因疫每附鼠流行传染，故捕鼠之令最严。照例捕得一鼠，送交警察，给与数钱。我华近年多疫，使仿行之，亦卫生一道也。

记东京动物园

动物园，乃上野公园之一部分也。森林蓊郁，一望无际。就土阜之高下，分为数区。罗致五洲禽兽罕见者，以备游人购券入内纵览，为博物多识之助。其兽之猛者，如虎、豹、象、貔，皆槛以铁栅。有牝牡二狮，其色苍黄，头颈甚巨，绕颈皆长毛，身长五六尺，前阔后狭，尾略似牛，状极雄伟。然时常闭目伏地，至起立则伸腰长吼，令人闻之震恐。今我华以老大帝国，虽欲自强，尚在过渡时代，人以睡狮譬之。果能振刷精神，不生阻力，何难一雪前耻。倘有不测，受人槛制，则惟有长睡而已，此狮可为借鉴。熊凡数种，一白熊，尤凶猛，产北冰洋，性耐严寒。时值岁杪，栅内一池注水，尚跃入洗浴，其野心悍性已可想见。馀如犀牛、猩猩、袋兽、鹿獐、驼羊、羚羊，以至各家畜，无不具备。鸟之属，以驼鸟、鹫、鹏、鹰、鸱为雄健有力，美观者为鹤与锦鸡、孔雀、鹦鹉之类，不可枚举。其长尾鸡，尾约六七尺，但呆立架上，如木鸡然。又凿池蓄水，植以树木，结草为巢。周围编以铁丝巨网，中聚水禽数十种，鹭立鸥眠，各适其性。又砌砖为数

以睡狮譬中国

小池，一面穴地深数尺，嵌以玻璃，并分置泄水管，以便新陈交换。上复以屋，名观鱼室，临池赏玩，大有濠梁之想。

记植物园

小石川御殿坂，有植物园，为东京大学所附设之试验场。余购券入观，时值冬暮，草卉多已枯落。其盆植者，皆窖藏之。有玻璃室，用炉火嘘以蒸气，每星期乃售温室券。因与婉商，始得纵览。内多热带所产之物，奇形诡状，目所未睹。其尤异者为猩猩树，色艳丽如珊瑚。又例售水陆各植物之籽种，以广兴树艺之利，非徒供玩赏也，乃选购十馀种以归。

猩猩树

记东京大激战油画室

油画室者，乃一大圆形之板屋，内张挂大油画于四壁，而开窗于屋顶，使日光射入，映照绘画。于中间构造一台，纵目观之，则远者愈见其远，近者益显其近。其法始创于欧美。今日本战胜纪念，于浅草、上野，并九段坂间，皆建筑之。游者购券入门，螺旋而上。初极黑暗，前行数十步，忽透光明，见山岭重重，海涛滚滚。其载沉载浮者，乃被击之俄舰也；其洞胸断臂，尸横遍野，则陆军之败绩也。以至地雷炸弹，皆极绘影绘声之妙，惨目惊心，有不堪言状者。盖借此壮国民尚武之精神，寓教育于游戏耳。若我华将国耻绘为巨画，仿造数室于通都大邑，使人知耻知惧，激发爱国之心，是或一道也。

寓教育于游戏

记游就馆

日本靖国神社，祀维新时之死于国难者。旁为游就馆，陈列伊国历代军装，以资考证兵制之沿革。有油画绘元兵攻击日本人之惨状，又映照甲午之战，受伤军士，折足断臂各肖像，详注姓氏于上，记其忠烈，以示永久不忘也。馆之侧有广厦数区，分陈夺获中国并俄军战败之鱼雷、枪械、旗帜、匾额甚多，称战利品，皆书明某国某物。且有庚子华人颂德牌伞，美其名曰“国光馆”。凡我国人见之，未有不先惭后怒者，然徒怒且惭，亦复何益！

靖国神社

徒怒且惭亦复何益

记日俗之俭朴

日本以三岛之国，地多山水，每患经济之不足，故于日用饮食尤为注意，力崇节俭。如炉灶之专卖者，有富贵灶、文明厨炉、各式风器、轻便蒸笼等物。凡铁釜，质皆极薄，敛口大腹，木盖厚径二三寸，取压力重则气不外泄。又有耐火砖所砌行灶，可随地搬移。总之以便利适用，无害卫生，减省燃料为佳。至洗面皆用冷水，每饭乃饮茶汤，所以脾胃调和，血气壮旺。且身无重绵，足多木

日本的节俭习俗

屐，甚至髡首赤脚，和服无袴，习劳耐冷。试举华人相较，其省费何啻霄壤之别！我国生齿日繁，一有偏灾，每致米珠薪桂，经国者可不预为留意乎？

附记南现长料理店

日本饮食绝少美味

日本饮食绝少美味，其差强人意者，名鸡乃烧。大阪盐场有南现长料理店（即饭馆），华人莅阪者，尤啧啧称之。一日，友人邀午餐，至则短垣及肩，衡宇甚狭。步入中庭，见迭石为山，杂莳花竹，亦颇幽雅。山下一池，畜鲤数尾，以供客食。四面游廊回绕，一厨娘导客前行，足踏廊板，忽发清响，恍如丝竹互答。及入室，仰视承尘上，嵌大小蛤壳，内饰象牙，刻山水人物，精美绝伦。柱雕朱漆为之，门窗编以斑竹，镶蓝质白花透光硝子。窗后临河，推窗一览，橹声帆影，近接几席。少顷，陈杯盘数具，用平式小铁釜，置炭火钵上，取生鸡脯，杂拌葱、菜、酱油，炮炙食之，颇似家乡围炉景况。劳人草草，一时偷安，饱食之下，殊觉惭愧。酒名菊正宗，余素不能饮，绝不知味也。饭毕，入厕所，其便溺输下穴孔，饰以彩磁，周围平铺厚玻璃版，垫以细红珊瑚，约三四尺之地。厕外另置小解磁筒，下饰五色玻璃管，壁间皆装花玻璃。又室之下层，修造假山洞一区，四壁巉岩，几磴皆石。有玻璃天窗，透入光线，窗之上，清且涟兮，以泳以游，乃池中之鱼与水也。奇想天开，穷奢极欲，世所谓响

料理店似“迷楼”

屧廊与迷楼，恐亦不是过矣。谋所以羁縻旅客，闻更有甚于此者。华人因之坠废志气，不思自奋，多谓此间乐，竟致流连忘返也。悲夫！

记上海制造局

我华制造军械，沪南局厂，当首屈一指。丙午秋初至上海，嘉定夏颂来君，函致局员蔡君绥之，绍介往观。局距埠甚远，在县治西南五六里许。规模宏敞，一切制造，内分炼钢、造船、铸炮、制枪、铜引、水雷、炮弹、枪子、黑药、栗药、无烟药、锅炉、翻砂，共计十三处。今以节省经费，并为七厂。初用洋技师八人，今已裁去其七。计大小工约三千馀人。附设一大船坞，并工兵学堂，学生六十人，教授西文英语、绘图测算等课。适值总办张观察甫经接办，清厘庶务，修改机器，枪药厂正在停工。遂先阅视炼钢厂，其原料系购取外洋废钢，参和本国生铁铸之。一炉可熔钢十五吨。所铸钢坯，自五吨至十数吨不等。钢坯既成，另入炉中锻之，次用极大水力之钢机压之。此机浑以钢铸，式如方碪，大约二方尺，厚亦如之。上下各二，夹以钢柱，起落皆以机轮拨转。四隅各有蒸汽管，全藉水之热度以助压力。据称我国机器压力之大，此为第一，每方寸之力重三千吨，殊骇听闻。运转钢胚，皆有起重车，故能上下左右，悉如人意。凡胚之大小厚薄阔狭，各有程式，依类制造，次第锻炼，分入各式钢轴碾轧

沪南局厂军械制造首屈一指

之。其成条者，或方或圆，或扁或工字形，于建筑工程横平用之。或三角形，为装修器具包角用之。其造船之钢版，自二分半至五六分，凡五六种，制法逐次以大平面钢碾碾之。钢版切断之机，阔八九尺，而运用之妙，如剪刀之裁割然。所炼枪钢，质最细腻，炮钢次之。其试验之法，以机引其两端平拉之，用马力若干匹，乃可断裂，即知钢质之良窳。大抵炼就之钢，每吨约需银百两。所炼者名西门司钢，与鄂局之毕司马，各有所长。开办经费二百馀万，已逾二十年矣。每岁开支二十馀万两，制出之钢，尚能收回银五六万两。厂工现约二百人。次至造炮厂，炮之身口及弹子大小不等。其弹子重三磅者，口径一寸七分，六磅者口二寸二分，十二磅者径三寸，四十磅者四寸六分，百磅者径六寸，距华里二十里，可命中也。一百八十磅者径八寸，现存一具，系开平兵轮沉没之物，经捞出者。其二百五十磅者，口径九寸；八百磅者径十二寸，可击至三十里。以上二炮，局中现无存储，仅陈列子弹耳。各炮皆数节螺旋结合而成，膛中俱有来复线。其子弹有实心者，攻坚用之；有子母可炸裂者，御敌用之。其枪弹钢子，用薄钢板加碾光亮，再一机凿为圆片，又入臼形之机，压成钢壳，后置电池内以镍镀之，则经久不致锈涩。按轧钢之碾，与日本制铜之法，颇有相似，以此类推。如晋省产铁之区，创设一厂，用制铁条、铁板，以及掘土之铁锹、锄地之锄头，就日用必需，行销最广者，改良土法，当亦未尝不可也。

炼钢成本高昂

记华兴面粉公司

华兴面粉公司，在上海老垃圾桥北，乃怡和洋行经理人无锡祝兰芳集资创设，并有洋商股本。沪上机器磨面粉者凡七厂，此其一也。该厂全部机器，以五层楼分布安置，据称包修全厂，需银四万两。计磨十四部，用旧式引擎，马力一百六十匹；锅炉二只。每昼夜可磨麦九百数十石，每石一百六十四斤，每一磨出粉九百磅有奇（磅重十二两）。每麦两石，磨头号面粉一包，二号五包，三、四号共一包。每包重五十磅。时沪地市价，头号面每包二元三四角，二号两元二角五分，三、四号则不满二元。按购麦运沪，每石以四元计之，获利颇厚。该厂机乃新旧参用，半英半美。麦初入厂，有三机相连：一筛去砂石尘土，一拣出柴草，一择出稗粒。各由一口输出之，再入机内拭净泥垢；次拣出虫蚀空壳，并夹杂之五谷；再搓脱其靠皮糠屑，此糠可充鸭豚食料，且去此则面粉毫无霉毒，有益卫生。各物亦皆分口输出，其第一部拣麦机，并有吸铁钢，将金类之物提出。以上经过之机，计十一次，乃至麦磨。磨由头号起，又分五等。麦麸既脱，次入面粉机，亦分五次，以次筛过。另入一机，以热度烘之。随入扇风器内，吹之使冷，装入包内，绝无潮湿之患。该厂成包、烘干各机，在楼最上层，工作尚不便利。闻中兴面厂，新装十四磨之机，价银六万两，系花旗制者，其工作自上而

集资创设有洋商股本

下，尤为得势。盖因美国产麦最多，故研究机器愈精美也。总司机之洋人，月支七百元。华人机匠，充当工头，仅四十元，以外小工四十人，总计工资，尚不及一洋人之多。中华膏血，为若辈所吮吸者，于此可见一斑。振兴实业，尚可缓耶！又查询小办之法，麦磨部数，尚可减少，或十二部，或九部、六部均可。因地制宜，亦可变通办法。但欲握必胜之权，则多多益善。机器一道，类如此耳。

数十华人工资不及一洋人之多

记上海集成纺织公司

集成纺织公司，内分华盛、日新，南北两厂。初为官立，因本亏售归商办。盛杏荪宫保，出资最多。海上李君盘新，乃宫保旧幕，与偕往至杨树浦参观。厂基百数十亩，围墙数仞，楼房拱峙，花木扶疏，溪流回绕。时方秋热，甫入其中，顿觉清爽。中央洋楼三层，乃盛公之甥，总理陈君咏珊所居，晤谈甚洽。少顷监厂吴君作陪，周览各厂。其轧花机一百三十部，每一部十二点钟可轧子花五百磅。附剥花子短绒机四部，锅炉二只，引擎二百四十匹马力。嗣将花衣入清花机（即弹花机也），此机计分三号，共十九部。外附一机，弹废纱之头，并有洗油花之筒，将花次第弹熟成卷，再置钢丝机，刷为细绒。自一端喷出，遂成棉条，徐徐收缩筒内。此机共一百零六部。次将六绵条合并为一，入并条机，引而伸之。自第一次至三

盛宣怀之甥经营

次，计分三号，共机三十馀部。条既细腻，嗣以纺粗纱机纺之，成头号粗纱，粗如绿豆，共二千一百馀锭；再纺之为二号粗纱，共锭五千之谱；再纺之为三号粗纱，共锭一万二千馀枚。此后入细纱厂，共计六万四千馀锭。以十六支纱计之，每昼夜出纱三万馀斤，约百馀包。其各锭之纱，须用摇纱车摇之，每车可容四十锭。随束扎成支，再打成每重十磅之小包，复并四十小包为一大包。两厂大引擎二部，共一千七百匹马力，锅炉七只。每十二点钟，约用煤二十八九吨，计每年约需煤二万馀吨，每吨价银四五两许。附电灯机七部，共燃十六枝烛光之灯，六百馀盏。并附属机器制自来水，重卫生也，且取用便利，经费较省。又有水龙数具，以防意外。其工头月支四五十元，生火工日五六角不等；小工日二角五六分，司轧车纱车等女工，每二角许。织布厂自络纱起，次聚纱，次浆纱，次穿棕，次织布，每机日出布一匹，售洋五元许。布仿花旗，机五百馀张。每一女工管机二部。外有刮布、折布、打印、打包各机，不可枚举。沪上纺织规模之大，无出其右者。

沪上规模最大之纺织厂

又裕源纱厂，在叉袋阁，厂主江西朱观察。曾少卿观察，特为绍介参观。机器多英制。其细纱机，共二万六千锭。据称每日夜出纱五十包。引擎七百三十匹马力，锅炉三只。其弹废花机、轧花机、打小包机，皆购自东洋，取价廉耳。其馀各机与华盛相仿，而出纱之数，获利之丰，则较为优胜，商办故也。适总办他出，未获细问一切。

商办较为优胜

创设之初
中西合股

又鸿源纱厂，在黄浦之东。沈君耕莘为绍介，总理朱君导观一切。该厂机器为德国制造，锅炉、引擎皆系新式。据称初经创设，乃中西合股，嗣华股因获利较迟，多售之西人。现时经理甚善，而我华人已不得利益均沾矣。内并条机，如有一棉条偶断，即自停歇，待人接合，故出纱极匀。其细纱机各有计数表，以稽查工之勤惰。又有蒸纱使光亮之法，甚属秘密，未获一览。厂中运送纱支，楼上有机车旋转上下，以省人力。外设有单条铁轨悬挂廊下，贮纱于竹筐，系以铁轮，钩挂轨上，往复推送，尤觉轻便。西人云："但能使作工者省却气力，即不惮设法安置；初虽糜费资财，将来受益甚多。"诚见道之言。

沪上纱业
创始者

又沪上纱业创始者，为复泰纱厂，开设已历十八年之久。总办蔡晋臣君，帮办叶梦熊君，皆宁波人。引擎三百五十匹马力，锅炉二只，日夜用炭八九吨，用电灯四百盏。该厂机器皆系旧式：弹花车四部，钢丝车三十二部，并条车六部，头号粗纱车五部，二号九部，三号十三部，细纱车二十八部，计一万数百馀锭。其纱锭粗径一寸七八分，轮转较迟。新式者一寸一二分，质轻，故出纱较多也。且木管细而长，缠绕纱多，则省替换工夫。其摇纱车六十部，皆用人力。该厂机器，虽因陋就简，而经理得人，历年获利甚丰。近又于轧花、织布、逐渐扩充，添设新厂，布机三百五十张，每张洋二百馀元。又询其弹花车，第一部车，半日可弹花二百吨；第二部车，每点钟出弹熟之花七卷，每卷重四十磅。计钢丝车六部，配并条车一部。厂屋深长四十四尺，阔十二尺，可容细纱车二部，每部计三百六十四锭。锅炉用六分厚之罗马钢板为最，纱机英国弗兰太厂制者佳。四百盏电灯之机器，约值三千两。每灯燃六七点钟，约费二十馀钱，人工既省，且无火险。万锭锅炉，每点钟约需水五六千磅之谱。其总理房悬一牌，书列表目，如引擎房、弹花房、锭花房（即并条）、粗纱房、细纱房、摇纱房、成包房，皆分头班二班，标列人名小木牌，按日夜轮流，更替稽查。

纱业利源极大

查纱业利源极大，故海上工厂林立。除华人创设各厂之外，德营瑞记、鸿源，英设怡和、老公茂，并振华新厂，现包修厂屋，用银四万馀两，可容一万五千锭之机器。外埠如崇明、通州、无锡、苏州、湖北、芜湖、漳德，约十馀厂。近闻天津□道宪，亦欲提倡北地纱业。已禀商□督宪，特派孙继伯大令，莅沪调查。拟集款一百二十万两，购四万锭之机，厂设保阳一带。及晤张季直殿撰，亦言纱业极有把握，但得人则治，否则亏累亦甚。并承允许果有意创办，定购机器，可以相助。又云："经理之法，但得有志之士，到大生厂中，实地练习，亦不甚难。"热心如此，所以能成我华之大实业家也。

记大德油厂

沪上棉子榨油之业，以杨树浦大德厂为首创，亦最得法。厂中总理米君志尧，近又创求新厂，制造机器轮船。

理事邱君子昂，于各种机器，素所研究，中国图书公司聘请兼办印刷之事。张君慕麟，特邀往参观。原动力用一锅炉，引擎马力七十区。据称全部机器，约银四万两之谱。

棉子榨油

每昼夜榨花子九百担，每担重百斤，可出油十斤，或七八斤。花子一担，购价一元三角左右；油百斤，售银六、七、八两不等。棉子初经入厂，在楼下开包，用升斗机提升楼上，筛去土屑（此屑可作肥料），再入风箱。箱有磁铁数块，状似马脚，外盖铁板，如有铁物经过，为磁铁吸住，不致他机被害。转至剥棉绒机，每子一担，可剥花绒十两。剥下之绒，可以为絮，惟绒头略短耳。又至剥壳机，机形半圆，中有轮轴，附方口钢刀十三柄，外有二十四柄。轴之两端轮上用皮带，旋转极速。内外钢刀，彼此相离一缝，棉子过缝，轧碎入筛，花仁与壳分清。壳另有木管输出炉侧，用以代煤，甚有火力，故该厂需煤甚少。馀壳出售，每百担值洋二三十元，可以代薪，饲牛羊。其仁转入五轮轧床，使细如粉屑，自下而上，还入蒸桶。桶有三套，横列楼下，中有轮齿旋转，使热度均匀。并有热水管，使粉屑滋而易熟。二桶蒸熟，归于一桶，放至空心铁屉，入制饼机。机上皆铺麻布，将蒸熟花仁，承热分摊于上，次第摆入榨床内。汽机拨动，榨板自然徐徐上托，油即渗渗滴下。较之土法，油质既清，出数亦多。又询棉子一担，除壳与油，尚得饼四十斤，售银三元许。计榨棉子一石，得赢馀数角，利已丰矣。所用麻布，初购自外洋驼毛制者，甚贵。现已自行仿织。附有修理机器之厂，如有损坏，均可自修。又制新式榨豆油机器，其饼与牛庄无二。总机匠头一人，月支洋五十元；分司各机者三十馀人，各数十元。合计执业大小工，约一百三四十人。

记苏沪各工业

江苏夙称富庶之区，今之上海县，尤为通商巨埠，宜其工业发达，不意亦多墨守旧法。其织造绸缎虽有特色，与杭州相较，则瞠乎其后。顾绣平金，较北京价廉，而精致逊之。闻之东西各国，每购求华人名画，花鸟人物，研究美术，为各工业制造花样稿本，推广销路。我与彼交通数十年，竟不知投其所好，已觉失计；乃又相率而为粗劣之物，何自欺之甚也。见制铜器者，除水、旱、鸦片各烟具外，其他什物，殊属罕见。铁工亦惟小本营生，如晨星落落耳。有造剪刀者，颇锋利，余嘱其改良扩充。据称租界内，例不得造尖刃之刀，且迭加租税，并此业势亦不能久延。又玉器作所用磨玉砂，初皆本国所产，近多洋商贩运者。凡宝石穿眼，及钻划磁器玻璃，须用大宝石（即金钢钻）。先亦不取诸邻，今则借材异地，无他，皆不求搜采矿产之故。其楠木工作，与雕刻象牙技艺，颇极精巧，但木多来之吕宋，牙则购之暹罗，仍属为人作嫁。况金玉锦绣，亦不如布帛菽粟美利可以普及。又苏州素用人工制钟，与广东相仿，但价昂滞销，似宜添购机器，仿制东洋之木钟，亦可稍杜漏卮也。

租界内不得造尖刀

记青岛安美隆机器窑

由申北上，乘英商怡和公司德生轮船，计行三十六点钟，抵青岛。访同乡李兴三君（名振元），偕至小抱岛之孟家沟，参观安美隆机器窑。窑系德人创设，专制西式红色砖瓦。内设一锅炉、一引擎，牵引造砖瓦机车数部。所用赤色粘土（即俗称焦泥），性极粘濡燥急，调水和泥，悉用机器，杷梳多次，故能十分匀熟，减却生性。各式砖瓦，皆用铁木为范，亦有与土法相似者。至取泥作胚，全用机器压力，人工既省，砖质亦异常坚实。所含水气较少，角棱齐整，其匠心独运，精益求精，有钩心斗角之妙。成胚后不令遽见风日，但阴干之，以防燥裂。窑圆式，砌于大屋中，盖防热度随风散泄，避阴雨，便工作也。窑门如北地之柴灶，周围凡六七处，分置砖瓦之胚。燃火各窑口，皆在窑顶。旁架板梯，以便升下。数窑环拱，砖随出而胚随入，以次用煤循环烧之，不致忽作忽辍，旋冷旋热，故火力足而煤炭省。且不用注水闷窑之法，使火候匀透，气不耗散，其质纯阳，所以特别耐久。现洋窑技师，欲包揽建造窑业利权，兼传习制造各法，已登胶报，可谓无利不搜矣。场内虽用华人，而参观则一概谢绝。因李君与司锅炉者相识，又适洋人他出，故得阅视一周。查询红砖千枚，售银十三四元。青岛工作繁兴，遂价昂如此。而土人业此者，竟不得与之分利，惜哉！

昂贵的西式红砖

记德华书院

青岛之北，为小抱岛，有德华书院。李君振元，校中毕业生也，因导往参观。校高踞山巅，俯视一切，心目为畅。院之四围，矮松回绕，苍翠之色，清空之气，嘘人眉宇。且距离岛埠较远，无繁嚣纷扰之嫌，洵佳境也。为耶稣教会牧师台锡恩创设，已历九载。校内中西兼课，略似中学堂程式，而德文德语，格致理化，多西人教授。并有中国汉文教习数人。凡来学者，不拘年岁，与读书之多寡。但有人介绍保送，即收入之。亦无强人入教之意，无论教内教外，绝不歧视。查阅所定章程，亦尚妥善。寄宿每室二人，饭食米麦各半。学期以五年毕业，每年饭金三十二元，分四季交纳。入学以暑假、年假为期。此外尚有礼贤书院，在小抱岛之西，工课略同。并有德华学堂，专收入教子弟。

记青岛德国水师工务局

德人经营青岛不遗馀力

德人经营青岛，不留馀力。商场之外，复佐以水陆兵备，设有水师工务局。特托帮办司帐平度人于迺兆，导入参观。局中一切机器，皆用电力。其原动力仅需一锅炉，日约用煤一吨左右，可运转磨电机车二具。一备各厂机器之用，一但为电灯而设。引擎马力二百四十匹，较之汽机费省用捷。地势依山面水，附有缮修兵舰之船坞，规制颇极完善。且各厂之机，多系新式，所有电气机关，随意启闭，轻便灵巧。其锯木厂，有带锯、轮锯之别，以便因材施用也。又熔铁炉之吹风车，以一具分吹二炉。翻砂厂有碾砂双轮钢碾，为他厂所未见。招华人为艺徒，约千馀人。入厂即薄有工食，第一年月给银六元，次年七元，三年八元五角，以次递加。有升至工头者，月支六七十元。初以六年为限，今展为八年。前二年仅充苦力，如技艺与年俱进，薪资方可递增。惜乎在厂华人，多贫民无告者，已入牢笼，即难脱羁绊。楚材晋用，以矛击盾，良可叹也。近闻有寒士数人，到厂习艺，颇负志愿，但不堪其苦，旋即告退。体育之不讲，遂致心有馀而力不足，如鄙人者，何若是之多耶！

记胶济道中

乘汽车由青岛赴济南

乘汽车由青岛赴济南，路过胶州高密，至潍县，共四百八十里。又经青州府青城，至淄川属之张店车站，轨道分为二股：一西向九十里抵博山县；一北行九十里为周村镇，再经王村、明水抵济南。其钢轨横枕，用空心瓦鼓钢版制之，以代枕木，工坚经久。我华修路，尤宜取法。查路线延长约千里之谱，用以运输华洋货物矿产，非常便捷。且东省人稠地窄，往来行旅，虽附近三四十里，亦皆辞劳就逸，故利权日见发达。但旁落他人之手，无计挽救。此外未修之路尚多，何迟疑观望，不知引前车为鉴也？窃谓修路筹款，较为易办。盖铁路利益，最有把握，使风气开通，固不难招集股本。不然，官为主持，挪用公款，如仓谷变价，学堂的款，庙产、学田及一切发商生息之项，充为股本，计月给息。公举绅商，分段修筑。冲要之区，不过百里，已可获利。谚云："利之所在，人争趋之。"再陆续劝导集股，势如破竹矣。

筹款修铁路

记山东工艺传习所（附广智院）

济南工艺传习所，在趵突泉西南。内以机织物为大宗，花素各布，织法略如天津实习工场，皆用洋线，故未能获利。其铁工厂，安置旋床、钻床数具，用轮轴牵引皮带，以人力摇转，尚极轻便。以及虎钳熔铁炉，皆粗有规模。现制小水龙，并轧花机器，与北洋劝业铁厂相似。所铸煤炉，取用洋铁，未免价昂。又绒毯较京津织造不相上下，每尺售银元九角。有缝衣机器数架，初用成衣匠月支二十两。所教艺徒既多，工资遂渐减。铁工头月支亦二十两。木工仿西式，制造桌椅，共二百馀人。其绣花科颇出色，现绣立轴画一帧，乃"三秋图"，秋海棠与芙蓉、菊花也，配色雅淡，风韵可观。据云经百日之久，乃得竣工。初有织绸科，并照象一艺，今皆停办矣。其左偏乃陈列所，多东省制品。有泰安府所造红毡斗篷，细腻颇似大呢，可称特色。又有博山所制玻璃丝镶嵌屏幅，亦美术之

济南工艺传习所

一格也。外有教养局，共八百馀人，制造布衣、线带、鞋、帽、毡毯各粗物，尚皆适用。但株守土法，未能改良，殊滞销耳。又基督教会创设广智院，陈列各种禽兽、水产、矿石及制造一切标本，声、光、电、化各科学，试验物品，颇为完备。于四壁张挂图表，以比较各国山河、人数、矿产、货物，了如指掌。我华地大物博，而兵舰、铁路、制造、学校，皆相形见绌。时往观者甚多，或交相称羡，或引为惭愧。并有数人相聚论说，甲曰："我华教育未能普及，所以诸事不能发达。"乙曰："皆民智不开所致。"丙曰："因提倡无人之故。"余侧询之，一则学堂教习；一则省垣听鼓者；一则商人耳。噫！此三人者，皆中华之一分子，使各尽义务，未必无所短长也。

中国为何落后

濬幼而失学，廿有七岁，始博一衿。嗣游山右，每赋闲居。重以病厄，光阴虚掷，惭愤交集。且思我生不辰，初际捻匪之乱，再经甲午之创，加以新旧相倾，拳教交哄，已往之年，行将四十，失之东隅，追悔何及！尚望将来有所凭藉，聊竭棉薄，不仅如此行之徒托空言，则幸甚矣。再者质钝材疏，不谙日语，动辄笔谈，困难尤甚。记中抄写排印，无心舛错，恐所不免，统乞鉴裁。濬之谨识。

附上山西抚宪条陈节略

谨将晋省亟应筹办事宜，略就管见所及，开陈数条，恭呈鉴核。

一、铁工亟宜提倡也。查铁为百工之母，无论中法西法，皆以铁钢为利器。制造之法，参用机器，则工速而物美。小试其端，宜就机器局添设轧铁机数部，用造平片，并圆扁各式铁条，以储制造材料，使宽窄厚薄，各适其用。取造农具，及日用器物，自然工省价廉，此制造熟铁之急务也。再者平盂生铁，性质枯脆，热度涨发，易致破裂，其熔炼之法，急宜讲求，以图进步。但缓不济急，可暂取湖北生铁，铸轮钻煤炉，水车吸水小唧筒，壶锅等常用之物，以期经久耐用。或添造洋钉，仿日本取英、美铁丝以为原料。或用洋铜板仿制煤油灯口，或试造铜铁螺旋钉。其大小机器，多则数千元，少则数百元，购一二具以为模范，先为试办。所谓欲善其事，先利其器，工业要素，莫过于此。 铁为百工之母

一、水利亟宜兴办也。查晋地高亢，旱灾时闻，沟洫古制，渐就淤废。至山水发源之处，又多系石油。除汾河沿岸，洪洞、赵城等处，厥土与水，二者不可兼得。然土重难移，水可导引，择源流最旺之区，测量高下，加以疏凿，以有馀补不足，即可为万世利赖，此兴利之上策也。至掘井次之，盖山西地质深厚，汲取较难，非水甘泉旺，不合灌田之用。今津、京所凿洋井甚多，有用小蒸汽机汲引者，取用便捷。上年，晋省试凿无效，事竟中止。抑或工有巧拙，迁地弗良，亦未可知。前在京曾与日人相商，招伊来晋，查验地质，给以往返川资，所费无多，倘有成 兴办水利

效，则不无小补。至土法之井，得水无几，如雨旸愆期，可仿照直东旱田播种之法，分区浇之，用水较省，亦救荒之一道也。再者自来水为卫生要政，凡人烟稠密之处，较之电灯、自来水，利益尤能普及，亦宜设法招商举办。

自来水为卫生要政

一、森林亟宜设法开采，随时补种也。查晋中天产，煤铁之外，如繁峙、岢岚、沁源、吉州等处，森林尤多。但因山磎深险，遂致弃材于地，殊为可惜。可集合公司，与以专利，资助官本。使相度地势，设法采伐，招募锯工，兼用机器轮锯带锯，就地截为梁柱，裁割条板。或搭架木桥，用起重机或安设空中镲道及小铁轨，以便运输。较开掘各矿，尤有把握。闻泰西通例，伐树一株，补种三株。晋中旷土童山，举目皆是，宜破格奖劝，各就土性，不拘桑榆槐柳，以及苜蓿芦苇，皆可广为种植，以收自然之利。

伐树一株补种三株

一、可实验水力以代汽机织纺制造也。查晋中山水力猛，安设机器，颇为合宜。日本神户、冈崎、西京等处，或用木质纺机，以纺粗纱，制造段通地毯之类，或织造番布，或设立电灯会社，多取用水力，甚属便捷。山西仿照创办，尤为天成利益。

一、玻璃陶器宜改良试造也。查山西窑业，素无匠心，习于朴陋。当此工战之际，尤不宜听其窳劣腐败。前工艺局，招交城工匠，试造玻璃灯罩，因未谙入炉冷却之法，以致不适于用，事遂中止。平定砂质，本极细白，且能耐火，用制壶锅尤为相宜。但形式粗笨，烧时又不纳入

工战

罐中，以避烟气，殊不雅观。昔陈曼生为阳羡令，手制茗壶，人多取以为法。智创巧述，由此可以类推。

一、机织之物宜变通改良也。自洋纱盛行，内地织品，多取洋纱为原料，已属绝大漏卮。近来官立局所学堂，竟购用合股洋线，以织造布匹绦带，每致价昂滞销，似有碍提倡工艺之旨。今日本常用之布，仍多窄面者，其织机尚用旧式。盖窄布线缕紧密，坚实耐久，于山居俭朴之俗，尤为相称。所有织科官局，可购南洋华厂，自纺十码粗纱，添设浆纱机器，仿织土布，犹可稍挽利权，以免亏蚀经费。

一、军装宜分工制造也。中国军人多无恒产，一经裁革，辄虞饥寒。除操练外，宜各就性之所近，分班教授一艺。或缝衣服，或制靴帽袜带，务使各有技能，将来归农，不致失所。如一切原料，能由本省工艺局备办，不取诸邻，则尤为保守权利之道。

军人除操练外宜教授一艺

一、宜推广动植各物也。以日本蕞尔岛国，山地硗薄，民无冻馁者，皆习于勤俭，无旷土少游民耳。山西地瘠民贫，一切土产，尤宜设法蕃殖。如蒲州、平陆之竹与靛草，似可移植于洪、赵。辽州漆树，蒲属之茶，河曲之麻，与各山野中参芪等药草，未必不可普种。以至池鱼、原蚕、蜜蜂、家兔、洋鸡之类，凡有益小民生计者，皆可择地畜养。事虽琐屑，于教养之道，实有密切关系。

一、宜派人赴各地练习制造也。今欲振兴工艺，已分派学生留学，并委员调查矣。但留学与调查，虽有会心，

宜派工匠赴外洋工场实地练习

尚少实验，恐临事未必尽能得心应手。惟有选择勤俭朴诚，心灵手敏之工匠，因材器使，就其所长，专习一艺，筹给资费，派赴各省或外洋工场，实地练习。迟则数年，速则数月，俟确有把握，即行回省，使创办一切急需工业，以收弓冶箕裘之效。所谓百工居肆，以成其事者是也。

一、宜助资奖金以为策励也。中国之大，岂少聪明材智之士，特无所奖励，则寂然一无感触耳。且仿制一物，势必旷废工夫，销耗材料，经屡次斟酌增减，乃中规矩。仅给以名誉赏牌，尚恐得不偿失；不如奖以重金，或借以营业资本，使扩充制造，以广流销，则具有匠心者，皆将闻风兴起矣。

以上各条，事属轻简，较易举行，且利益最普，尚无流弊，谨缕细陈之，伏乞宪裁。

附记上海庆祝立宪事

立宪两字未之前闻

立宪两字，我华未之前闻。近由学界报馆，交相传播。与海外华侨，艳羡称颂，人始稍稍有所感触。自泽、端诸大臣使节所诣，到处欢迎，遂为立宪先河之导。迄七月十三日，谕旨颁行饬令预备。此虽过渡时代，使由此渐达实行目的，诚一大纪念也。时寓沪上，学堂商会，始约于廿一日，悬旗庆贺。奈阻雨未获一申瞻仰。至廿八日，《时报》、《申报》等五馆，开会于味莼园。是日至者，为商约大臣吕镜宇尚书，沪道瑞莘儒观察，学界商界，来宾几千馀人。先由主席宣布开会祝词，沪道乃诵颂词，又郑苏龛京卿、马湘伯观察，以次相继演说。随和以军乐，并侑以《烈士投海》等新剧，懿欤盛哉。嗣于八月十九日，寰球中国学生会，假颐园举行祝典，莅会者约有二千人。沈仲礼观察，演说国民应担之责任；张君汝舟，演说学生对与国家之义务，痛快淋漓，鼓掌如雷。复有海圻兵舰之军乐队，约翰书院学生演剧部，并顾、龚、史三女士之风琴，以次间奏，终之以合唱。会长李君登辉有联云："匹夫责任匪轻，当我国宪政胚胎，文明大启，各宜实力研求，培养个人资格；同志事功未竟，念本会周年成立，形式苟完，尤赖热心扶助，发扬全体精神。"具见满腔热血。二次濬皆亲诣会所，侧闻绪论，但以不能详述为憾，谨略记形式，借以志幸云尔。

庆祝立宪盛会

附记苏州虎丘山暨李公祠吉公祠

丙午中秋，由沪赴苏，寓穿珠巷。同乡任辉卿邀游虎丘。出阊门，乘小艇，沿山塘而东，约七八里，复登岸步行数十武，乃至山门，门额书"虎阜禅寺"四字，又二门悬"路接天阊"额，皆圣祖御笔。路旁有试剑石，山半有憨泉、千人石、剑池各名迹，并有颜鲁公书"虎丘剑池"四大字石刻。剑池之东，有问泉亭，悬山右田国俊联云："天然亭榭缘坡起，画里溪山入镜来。"再上一

畅游虎丘

坡，小有庭院，为灵澜精舍，眺览姑苏全景，有如画图。张文达题“溪山图画”四字额，颇具雄浑之气，乃公之得意作也。归安朱修庭福清，联云：“韵事纪金阊，小有园亭，任凭量七里莺花，五湖虾菜；雅游怀玉局，重开图画，尽领取寒潭剑气，古寺钟声。”并有潘伯寅题“送青簃”三字。此外康熙、乾隆两朝御笔甚多，并宋人石刻，剥蚀已甚。殿宇半就倾颓，其荒烟蔓草之中，一塔巍然尚存。时桂已半开，山僧折赠数枝。山之左为李公祠，山塘咫尺，背山面水，似天为文忠留此胜境。恩艺帅寿，联云：“长源勋重，临淮功多，四十年艰巨特膺，指数里山塘，想见令公壁垒；吴家草青，秦池剑碧，百州尺峰峦无恙，增一时名胜，试瞻丞相祠堂。”祠后小园新辟，迭石为山，疏凿池沼。随地添筑重楼平榭，水阁游廊。分植松桂，杂莳花竹。招来裙屐，扇影衣香，致饶幽趣。俞曲园先生，题隶书“靖园”二字，并系以诗云：“昔公遗表上闻时，忠靖深蒙圣主知。赐谥曰忠真不愧，名园以靖亦其宜。缅怀戡定三吴日，实切讴吟百世思。此后山塘留胜景，游人争赋靖园诗。”盖实录也。并题有“看山楼”、“斗鸭栏”、“水竹君”、“春玲珑馆”诸匾额。其联句云：“四面云山馀虎气，一池水月伴鸥眠。”又云：“山翠雨馀滴酒盏，橹声风过动荷池。”今曲老已八十有六，因重宴鹿鸣，故自号“两度月宫游客”，又曰“蓬阁再来人”。初由翰林，视学中州，致遭吏议，时论惜之。今优游林下，颐养天年，又多艳羡者。是知偶有所失，未尝不为计

俞曲园联句

之得也，世之患得患失者何其隘。再西二里许，为故抚吉勇烈讳尔杭阿公祠，丹青荒落，院宇尘封，塘水潆洄，阶础俱润。维时衰柳残荷，与蒹葭秋草，一望无际。旁有老桂数十株，花已盛开，适有数女攀枝采撷，风送浓香，鼻观如薰。其厅事悬成月坪桂，联云："宛在水中央，洄溯伊人，常共荷香缅高节；来看花四壁，追陪盛会，每逢茶熟作清谈。"颇与此景相称。

附记苏州八旗会馆

八旗会馆对联

姑苏八旗会馆，在东北街，即拙政园故址也。同治壬申，南皮张文达抚吴时，集资建筑。其正厅名近光堂，文达联云："异地快谈心，联乡谊于畿外畿中，依稀枌社；名园欣聚首，愿吾侪历江南江北，蔽芾棠阴。"俞曲园联云："胜迹冠吴中，有梅村诗句，衡山画图，坐对茶花思往事；名流来日下，是丰沛故家，金张贵姓，好凭酒盏话升平。"其后园山石卉木，修竹流泉，妙景天成，与留园、怡园可称鼎足。其花厅有文达联云："想名流雅集昔年，兴废几更，台榭重寻当日迹；幸我辈来游胜地，规模式焕，樽罍喜话故乡情。"又联云："曲水崇山，雅集逾狮林虎阜；莳花种竹，风流继文画吴诗。"潘曾璋联云："相国名园留宝树，皇州春色满苏台。"厅前为南轩，又有香月亭、清华阁。再北为复园，以便种植盆卉，游廊下题"雪香霞蔚"四字，尤擅一园之胜。又西水之中央，为荷香四面亭，亭北为见山楼，陈曼生联云："扫地焚香盘膝坐，开笼放鹤举头看。"楼后一带，竹林茂密，翠霭横铺，前即藕香榭。渡小桥而南一小楼，有桂数株，高与檐齐，推窗小憩，香风满座。壁间悬文达贤阮张枢所书吴梅村咏拙政园山茶诗。时值微雨，菊畦花径，风韵尤佳。石磴回廊，绿苔湿润，屐齿为滑。因忆坡公笠屐图，雅与此景相似，暇时当倩人一为写照耳。

附记即墨乡谈

即墨乡谈

濬祖籍即墨，人丁繁盛，自明初迁居宁津，久已不通闻问。兹于胶济汽车中，留心问讯，得悉故乡风俗朴厚，但地狭人稠耳。县境分三千六百町，八十五乡社。今德国攫去之地，南北径五十里，东西约百里。经抚宪奏请，减去地丁银八千馀两云云。又据称即墨西关李氏系旧族，今有号敬阁，名忠典者，官四川知县；又拔贡生，名忠淇。县城东乡十五里有达村，李姓亦最多。山之大者，以劳山为最，多奇峰胜景，古树遗迹，有九宫八观，七十二名庵。俗谚，蒲留仙《劳山道士》之寓言，有由来矣。眷怀桑梓，不禁神往。

附记山东大明湖

旅次济南，近接明湖。偶以馀暇出游，由雪花桥乘舟穿芦蒲而西，旋北折抵李文忠公祠。祠乃新辟，又为明湖增一胜境。周玉帅馥，有联云："天为斯世生才，旋乾转坤，勋业迈西平而上；民到于今受赐，御灾捍患，庙祀与东岱齐休。"洪兰揖观察舟，联云："不见皖公山色，梦绕烟岚，问潭水桃花，风物何如前度；近依丞相祠堂，眷怀桑梓，看明湖秋月，天涯犹似比邻。"又东去乃小沧浪亭，有叶芸士圭绶，集宋吴思道、杨诚斋联句云："金碧丁台云水地，荷花世界柳丝乡。"张舲甫祥河联云："万荷入看水如野，千佛当前诗亦禅。"又有阮文达题"水木明瑟"，相心斋题"悠然见南山"诸额，皆妙契实地之景。正院即铁公祠，江南秦寅联云："从容就义，慷慨捐生；一席名山，千秋俎豆。"中州周古息联云："事君以忠，见危授命；为臣不易，杀身成仁。"钟祥联云："与古为邻，名教自馀乐地；斯人可作，山水犹有清音。"觉罗吉庆联云："拨一转一片寒镔，看汗简辉煌，四百载至今如昨；留得住满腔热血，任形骸齑粉，万千劫虽死犹生。"近时黄冈严惺叔正琅联云："湖尚称明，同燕子龙孙，不堪回首；公真是铁，惟景皮卞血，差许同心。"词严意重，不让前人。又前厅临水，小坐骋怀，眼界为之一拓。铁梅庵尚书联云："四面荷花三面柳，满城山色半城湖。"桐城吴太尊宝三联云："湖北莫愁，倘添满郭楼台，便神肖六朝烟雨；山临千佛，妙有绕堤杨柳，更香团一座莲花。"崇语舲中丞恩联云："碧皴秋色，红抹夕阳，画本偶然传历下；花底盟鸥，松间领鹤，梦痕谁与话沧

大明湖名联

铁保名联

浪。”其跋语略云“首联八字，乃自述诗句，妙合此地风景；下联乃忆旧日宦游吴门沧浪亭也，今复移使金陵，故志别”云云。陈都转锦，联云：“故里亦湖乡，每怀槛曲荷花，苏堤柏柳；此间多宦迹，想见南丰冠盖，北海琴樽。”佛公祀院之东偏，一老学究课读于内。再东为北极庙，拾级而登，遥览千佛，俯瞰全湖，胸次颇觉清畅。庙廊下，张松小梦观察年，所作老子麻姑二画像，笔墨颇具雄浑之气。又东北隅，乃张勤果公祠，刘锡渠联云：“伟绩竟黄河，西溯昆仑东至海；崇祠壮青岱，遥连鹊华近凭湖。”善化汤聘珍联云：“生时遍号万家佛，崇祠俯瞰大明湖。”张上达联云：“河水安流，海水不波，保齐鲁岩疆，独擎一柱；铁公大节，佛公异政，合古今名宦，并峙三祠。”勤果祠南，为汇泉寺，内有文昌阁，额乃刘文清公所书。阁下有关圣象石刻，桂未谷题隶书一段，欲觅购拓片未获。寺之南相距里许，别有庭院一区，纵横百数十武，四围柏柳依依，宛在水之中央，所谓古历亭也。全湖之景，以此为最。其外门榜何子贞联云：“海右此亭古，济南名士多。”中有圣祖、高宗题句石刻。其正厅崇语舲联云：“风雨送新凉，看一派柳浪竹烟，空翠染成摩诘画；湖山开晚霁，爱十里红情绿意，冷香飞上浣花诗。”运司郑兰联云：“胜景画图开，忆杜老当年，豪气纵横倾北斗；酒痕襟袖满，自杭州到此，风光明媚似西湖。”胥质齐培元联云：“云兰水碧之间，看柏柳楼台，荷花世界；树绿山青而外，认圣贤桑梓，齐鲁封疆。”西廊祀太

何子贞名联

白、工部各画象。一小楼翘峙，便登临也，中悬宝则民彝联云：“空水倒涵孤塔碧，万山齐拱一楼青。”王祝萱敬勤联云：“山色压城青到地，湖光涵月碧浮天。”天津徐竡梅世光联云：“客到此间消热念，天能容我作闲人。”陈冶南景亮联云：“桑柘几家湖上社，芙蓉一里水边亭。”高宗御题“历下亭”三字额，何子贞书重修碑记，时已向晚，未暇细阅。并闻有砖刻石鼓，亦未及摩挲一观。门外泊画舫二，金冬心联云：“一带绿杨沽酒处，满身香雨采菱人。”又姚伯昂联云：“粉白荷边风定处，澹黄柳上月痕初。”写景如画，与此间神肖。查湖地共九顷十八亩，每亩二百四十竿，价值京钱四百馀千，岁租二三十千不等。近在负郭，尤为难得。窃思我华沟洫制废，河道淤塞，水害日多，水利愈少。直东平原，春苦亢旱，夏多积潦，习以为常。山右虽有山泉，无力疏凿。闻张宫保抚晋时，曾有开河之议，迄未实行，殊为可惜。抑知惟水与火，使设法以取用之，则利益甚普，徒恃拒绝防杜，则为祸愈烈。蚩蚩者氓，亦犹是耳。且更进一说，华人锢蔽因循，自私自利，甚至老死不相往来，习俗相沿，积数千年矣。今欲开通多数人之知识，联合多数人之财力，思潜移默化，鼓舞而启发之，莫善于各就所有名园祠宇，创设公园，陈列普通利用物品，机械模型，博物图书，使人人纵览之；因势利导，由浅而深，以徐徐引人入胜，即不难激触其脑筋思想也。再以馀地，招集商廛，如日本上野、芝区各公园附属之劝工场，并立演讲立宪会所；或遇乡镇有

如何开通多数人之知识

剧场庙会，绅董提倡招待，前往陈列演说，亦可于此研究音乐，练习体操，风琴唱歌；兼设幻灯，写真双眼镜等类。凡可借鉴者，如中外实业，制造工厂，军舰铁路，种种照片，以及军队合操，庆祝立宪各胜景，并京津陷落，旅大败绩诸惨状，各备一象，酌售入览券，藉充经费。寓教育于游戏，庶几因地制宜，轻而易举。其观感之捷，有益社会，功效当不在学校下也。管见所及，并附识之。

李濬之东隅琐记

人名索引

盛宣怀愚斋东游日记□

光绪三十四年（1908）

八月初七日　新关码头启程

八月初九日　抵日本长崎

八月十五日　抵日本东京

十一月初二日　返抵上海

□据北京大学图书馆藏思补楼藏版
□赖某深校点

34,7,29

宣怀多年痰喘，中西医调，迄未收效，闻日本有专治肺病者，赴日就医之念始坚。光绪戊申，汉冶钢铁厂，萍乡煤矿，成效大著，合并公司，奉旨责成推广办理。因于七月二十九日电奏，宣怀奉命驻沪办理。商约未议，各国尚无来议消息。所办汉冶萍厂矿，遵旨加招商股，以广成效。查东方钢厂，汉阳而外，仅有日本制铁所与我并峙。彼之总理曾已亲来汉厂考察，我亦宜往一行，藉资互证。该国煤矿尤多，成本甚轻，亦宜往查，使萍乡煤矿有所效法。且宣怀久患痰喘，中医疗治难痊，夏秋尚可支持，冬令增剧，年盛一年。日本有国医，长于治肺，不能来华，只可就其医院诊治合无。仰恳天恩，赏假两个月。即拟趁此天气未凉，克日东渡，一面考察厂矿，一面就医。如商约有续议之信，当即言旋，决不敢稍有贻误。请代奏云。八月初一日，奉军机处三十日电开。本日奉旨，盛宣怀电

光绪三十四年

赴日考察缘起

请假赴日就医

奏悉，着赏假两个月，并准其赴日就医，钦此。遂买定美公司高丽轮船横滨船票，准初七日东渡。因系就医，概不辞行。日本驻沪永泷（久吉）总领事，接彼政府电询行期。告以此行专为就医，并无公事，并电胡馨吾星使知照，以免误会。同行者，内子，五六两女，四婿邵恒（月如），洋员福开森（茂生），书记庞钟璘（仲雅）。又外甥孙周成（直卿），本游学日本早稻田大学，暑假回华省亲，假满就学，因亦同行。

新关码头送行者

八月初七日　晴。发电枢部，报知行期。下午三钟半，登新关码头钧和兵轮。送行者沈淇泉（卫），学使庞莱臣（元济），京卿蔡伯浩（乃煌），钟紫垣（文耀），沈子梅（能虎），王子展（存善），唐凤墀（德熙），陈辉庭（猷），汪叔芾（嘉棠），何颂圻（葆麟），唐露园（元湛），周金箴（晋镳），李云书（厚祐），陈润夫（作霖），杨绶卿（学沂），朱小庄（士林），王阁臣（勋），诸观察，张绍莲（思仁）大令，日本永泷总领事，浮田（乡次）副领事，三井洋行藤濑（政次郎）总办，及诸亲友。四钟十分开船，五钟大风雨旋霁，六钟半抵淞口。遥望高丽船电灯如繁星，照彻海隅，钧和不能近靠，过顺丰小轮上船（自雇坐船并装儎行李）。是船长五百十五英尺，马力一万八千匹，每点钟走二十一英里，儎重一万二千吨，资本美金二百万元。七钟晚餐，餐间广大精美，客位约二百座，船主（狄克生）、买办（爱伦）、大副（劳锡克）均陪坐。大副云，伊曾有痼疾，后挈妻在乡间闲

34,8,7

住，日以游眺为乐，举凡撄心之事概置不问。如是四十馀日，夙恙全除，而肌肉顿涨数镑矣。卫生之道不重服药，全重养心，其言颇有味。大学言，心广体胖，君子慎独，工夫在于不动心，吾愿自勉之。饭罢另有精室为起坐间，即在餐间之上，三面明窗，上有气楼，虽低矮，甚舒服。小坐片时，归卧，卧室亦宽敞。晚间便泄数次，想系西餐稍多，胃纳不化所致。余每疑病不在肺而在胃，其或然欤。

卫生之道不重服药全重养心

初八日　晴。子时一钟开船。晨起闲眺，爽气迎人，极海阔天空之观。在客坐间冥心默坐，颇有禅味。嗣与仲雅谈吾病根，始于光绪四年河间府放赈，受疫气发呕，自此稍触秽臭即呛吐。十五年开山东小清河，雪天乘骑勘尾闾，得寿光县之羊角沟有建瓴势，遂浚成四百里河道，引历城以下积水入海，河成而饮痰中于内矣。十七年，验收全河，归东海，自羊角沟乘洋划出海，过泰安兵轮。该轮遇风走锚，先已开赴别处避风，进退不得，浪从顶灌，危在呼吸，幸遇一海船进口获救，备受寒湿，归后遂患温之症，半月未能退热，此余第一次大病。十八年，调任津海，冬辄发，饮服温补剂即愈。乙未冬，请假就医上海，病旋愈，六年不发。是时，兼综路、矿、轮、电、银行、学堂各事，南北奔驰，刻无暇晷。庚子，办理东南保护，以迄和议，沪上为中外各省一大枢纽，夙夜不遑，寝食俱废。事平，奉命会办商务，办理商约，而体气极好，旧恙尽脱。辛丑冬，患囊痈。癸卯春，患喉症，是秋奉讳，咯

与仲雅谈病根

乙未即光绪二十一年

辛丑（光绪二十七年）

血数次，从此不能进温剂。甲辰，又患外疡，出脓血数碗，并发烧不食者数日，皆牵动痰饮。延珠家阁名医赖嵩兰治愈，然自此无年不病，而衰且惫矣。试服西医药水，仅能使痰畅咯，而不能治病。丁未冬，奉召入都，奇寒，发尤剧，得日医诊愈，赴日就医之念即从此发。起客坐间有镑秤，船主谓余试镑之，仅得一百二十一镑，始信近年瘦甚。船主云，归来必可加重，姑以存验。午后，稍有风。晚间风浪甚大。

长崎似烟台

初九日　晴。风平浪静，船上气候较凉。八钟，抵长崎。三面皆山，街市纵横，房屋栉比，郡峰环拥其背，绝似吾国烟台。右麓有大厂，为三菱合资会社造船所。约停一钟，有医生来验病。头二等客各坐大餐间以待，三等则有切脉、验舌、按摩身上者。旋见煤船麇集，纯系块煤。询知长崎有煤矿，亦三菱所开采，煤好而运道便宜乎，东煤之畅销矣。煤船略如洋划式，头锐而尾方，系门司工部制造，驶行甚捷。船有三号，大装五十吨，中装二十八吨，小装十五吨。船上男女杂作颇勤力，有缀负小孩而做工者。其上煤法，每船用板七八块或九十块不等，板钉两木，板之高下以木之长短为序，逐级缠成，两旁绷以巨木，俨然一绝好扶梯。视公司船舱口之高低为衡，盛以小草萝（仿佛中国之蒲包），每板立二人，层递而上。卸极速，约一钟一刻可卸二十八吨船一船。嗣报馆访事人咸来问讯，告以此行专为就医，并无公事，且因腹泄亦不登岸。有问及朝局者，则诵查初白吾衰苦善忘句以答之。外

外务省派人接待

34,8,9

务省派来接待之书记生深泽（暹号古愚）氏云，已预备专车，亦谢却。是日，到船拜访者，中国驻长崎领事王松丞刺史（斯沅），调任神户领事张隐南太守（鸿），长崎县荒川（义太郎）知事，三菱造船所丸田（秀实）所长，制铁所宫本（桂仙）购买长，三井物产会社山本（条太郎）社长派来之高木（陆郎）氏，及华商沈明久、潘达初、欧阳仁等诸君。高木系汉口三井支店长，深泽亦曾游北京、上海等处，均通吾国言文，因邀请同舟，借便通译。是日，装煤停船一天，晚十钟开行。

初十日　晴。五钟即起，水天一色，波平如镜，两面皆山，风景绝佳。七钟，过马关。福茂生遥指一楼曰，此即中东之役李中堂议约驻节之所。惜船不停泊，不能登岸。俟身体稍健，必当亲至其处，一识师门当年驰驱海外勤劳王事之苦心。其对面为门司，相距只三百尺，中有小岛，名小门，天然险隘（是为由西进里海之口）。过此，则海面宽窄不一，云山崭崒，时起时伏，大约所谓玉女蛾眉等峰，丰筑防长诸山，均在后先送迎之中。其最胜处不减长江金焦小姑，而渔舟饱帆出没于烟波之际，尤令人作桃源世外之想。同船粤商何君晓生（东），亦带家眷赴旧金山就医，男女均西装，以做外洋股票起家，已成巨富。曾充香港怡和洋行买办，因多病告辞，极好交游，一路叙谈，颇不寂寞。

粤商以做外洋股票起家

十一日　晴，薄雾。丑时两钟，抵神户。六钟半，在口外验病。六钟五十分，抵口。三面皆海，街市房屋亦循山麓为之，川崎船厂在焉。洋房均占高垲，与长崎仿佛，而繁盛过之。横滨正金银行总办、前上海总领事小田切氏（万寿之助），三井会社山本氏，均系在沪旧交，闻余至，特由东京远迓。阔别数年，握晤甚欢，并云本可同行，适因井上侯馨（明治维新元勋、大财政家）病重，即晚须回东京。嗣有中国代理神户领事王领事（万年），兵库县不破（彦麿）事务官，川崎造船所松方（幸次郎）督办，同文学校各学生，以及神坂中华会馆商董吴锦堂、麦少彭、郑祝三、李光泰、王大川诸君，均到船请谒。吴董等均系大资本家，询其神户华商，云共有三千馀人。华人之经商日本者，惟本埠为最多，分三江、广东、福建、北帮（天津营口等处）为四帮。从前进出口货均归华商经代，生意颇好，现则大半日人自理，迥不如前矣。并开欢迎会，折柬相招，当谢以实在身体不好，须先赴东京就医，归来必可畅叙。午后，微雨旋霁，是日船停，装卸货物。

神户华商最多

十二日　晴。午后三钟开船，五钟半过纪淡海峡（南为纪伊岛，北为淡路岛）。两面均有炮台（名由良炮台），双岛对拱，形胜天成（是为由东进里海之口）过此，又绕外海。傍晚，稍有风，天气始凉。

十三日　晴。九钟抵四日市（东文名耀哥伊智），为明治四十一年正月新开口岸。出磁器、陶器，中国欧美均有销路。岸上厂屋林立，高丽船吃水深，寄碇太远，约略望见之而已。午后四钟半开船，天阴。

十四日　晴。寅刻两钟半抵清水（东文名西米滋），

34,8,15

亦系新开口岸，为日本产茶之区。两面皆山，右有大沙洲，伸出海中，形如曲肱。口内适成一月圆式口门，极窄。地方寥落，无上下客。岸上有造茶厂，水泥厂。湖北铁政局翻译秋山氏（昱）由东京迎晤，畅谈而别。午后六钟半开船，天阴甚凉，可御薄棉。

十五日　晴。寅时三钟抵横滨。六钟在口外验病，六钟二十分进口，口门即就海中筑石堤两道，环抱而成之。堤巅立灯塔二，分红白色。七钟，使署卢子明参赞（永铭），横滨吴卫卿总领事（仲贤），万国电政会委员周翼云观察（万鹏），神奈川县知事周布男爵（公平），正金银行头取高桥男爵（是清），郑永昌氏，小田切氏，留学全体代表总会馆干事员张定一君，均到船迎晤。九钟半过小轮，登岸乘马车，赴车站小坐。十钟半上火车，十一钟四十分抵东京新桥车站。承胡馨吾星使（维德），暨外务省外交官补小村氏（欣一，外务大臣小村寿太郎伯爵之子），古河公司中岛男爵（熊吉），贵族院议员三岛子爵（弥太郎），三井山本社长大仓东家大仓氏（喜八郎），使署参随诸君，均枉顾车站。即与胡星使同车赴筑地旅馆（地名京桥区筑地町）。该馆西面旷地，南瞰隅田川（为内地最大之海河），北临海汊，房屋轩敞，地方幽静，颇得宾至如归之乐。是日，适届中秋，雪样天衢，纤云无翳，读昌黎“一年明月今宵多”之句，使我神移。惜日本改用阳历，不获见其佳节之景象，为可憾耳。 抵达东京

十六日　晴。计自初七晚便泄起，九天之中共泻四十

八次，以至牵发痔疮，大为困惫。午后，北里博士（柴三郎，肺科专门，名重一时）来视，望闻问切，极为细到。云右边肺上稍有障碍，左边毫无毛病。渠恐便泄或从旧病而来，嗣将痰吐及大小便检验，始知并不相涉。云虽系高年，尚属可治，惟须先将溏泄新病医愈，再治旧恙。并劝移住镰仓（离东京约一百三四十里），彼处气候相宜，南面大海，北背高山，海气于人身最有益，高山可以蔽风寒，比东京为胜云。晚，微雨。

名医北里柴三郎来探视

十七日　雨。承小田切氏三次惠顾，嗣杨石渔太守（楫）、张桂樵部郎（俩身）过访。杨本旧雨，以湖北学务留东，谈及从前留日学生将及万人，现在并计各学堂官费自费及武备生等，约不过五千人。盖半已毕业回华，而半则仅学速成也。午后，仍便泄，加之痔痛，艰于起坐。前商约专使日置公使（益）枉过，未能接见。四钟，北里遣其院副福田（泰造）来视。夜大风雨，窗竹乱鸣，井桐杂响，绝好一片秋声赋，惜不得欧阳子健笔写之。

在日留学生五千人

十八日　雨，午后晴。痔疮未收，仍难起坐，又承小田切氏惠顾。适全权大使林男爵（权助）枉访。林氏为上年驻北京公使，亦系旧交，就床卧谈，屏除客气，不胜海外知己之感。小田切并荐曾经医愈渠痔之林（晔）医士（外科专门）。旋陆军神尾少将（光臣）过寓。神尾氏，日俄之役战功甚伟，当年过沪，曾一聆其韬略，疲睡未能接见。五钟，林医士来敷药而去。

林权助来访

十九日　微雨旋晴。痔疮稍收，勉可起坐，林医之功

34,8,19

也。元帅山县公爵（有朋）专足投刺，并致倾慕之意。山县氏为明治维新元勋，日俄之役曾膺统帅之任，位高望重，国中惟伊藤公等庶可与匹。午餐与仲雅等谈及日本币制。近悉日本全国纯用纸币（满一圆即用纸币），银角为补助币。其纸币归日本银行一家统出，该行亦系商股开设，不过国家纳有股分，而行中总裁须由国家特派。每星期刊表一纸，将行中存现若干，出币若干，何项不足，以何项作抵，条分缕晰，颁示于众，俾通国皆知。盖一则昭示大信，一则立宪之国，国家财政，议院有监察之任，固须与众共之者也。其补助币渐制渐轻，以近十年比例，约已小去十分之三，而民间一律信用，毫不为怪。虽由于银价加涨，然非立法之善，亦岂能行之无弊。盖日本每一圆换十角，每角换铜圆百枚，每铜圆当钱十文，只凭此錾定之五十钱、二十钱、十钱等数字通行全国，不闻有以大小轻重异言者。中国银圆、铜圆各为风气，一离本省，即有贴水抑价等弊，甚至有不用者。外人每谓中国二十二行省，直如二十二国，画一币制，顾不急急哉。两钟，林医士来视。四钟，青山博士胤通（内科专门，与北里齐名）来视，约略听察，云俟明日与北里会诊后再定医方。五钟，胡星使枉顾，畅谈半时。是日，便泄止。

日本币制

立宪之国国家财政议院有监察之任

二十日　晴。偕福茂生乘马车，赴皇宫外院、众议院（即下议院，以上下二字显分轩轾，故称为贵族院众议院）、商品陈列所、邮便局、日本银行、三井会社、各国使馆等处地方游览一周。电车往来如织，凡叉路之处如铁道，然均有持红绿旗者司其进止。窃谓日本电车少见闹祸，大都以此，而马路之宽，车头之密，尚其后焉。午后，高桥男爵、小田切氏来谈。旋北里、青山两博士来寓会诊，佥云检验痰吐大小便均无病，即右边肺上之障碍亦不过如点尘之著有痕迹，并非大有损伤。且肺病分缓急两种，急性之病骤然而起，亦甚危险，缓性之病牵缠数十年，并不要紧。宫保之病乃缓性之病也，只要起居饮食调摄得宜，脱根何难。是知养生之道，中西一致，青山、北里不予欺也。五钟，朱子文侍郎（宝奎）、周翼云观察过访。子文先于六月间来东就医，已定翌日回华，即晚须赴横滨，匆匆一谈而别。晚间散步寓外，便泄既止，痔疮差愈，顿觉舒泰。

二十一日　晴，天气和暖。偕深泽、仲雅乘马车，一路绕日比谷公园、枢密院、外务省、陆军省、靖国神社、顺天堂病院等处。至大桥图书馆，由接待员导登藏书楼。楼计两层，架庋洋装书籍居多，而旧书绝少。看书者约以百计，询知为私立书馆，便于寒士学生等借观，故大半取适时用，不比帝国图书馆之注重藏书也。接待员出一簿（均系曾经到馆有名之人），请予亲书游日衔名，并记同游者，以为纪念。旋赠章程、书目、年报各册送别。登车，继赴上野公园。树木森丛，参天荫日，松柏之合抱者不知凡几，实为难得。中有荷塘，名不忍池，池中残荷摇曳，华人呼为小西湖。余望之，甚似北京十刹海，但附属于公园，故气象富丽。旁有楼，曰精养轩，中备酒肴，可

参观私立图书馆

游上野公园

34,8,22

以款客，亦可旅寓。嗣游动物院，毛羽鳞介等类大都中华所见，惟大白熊、小金丝猴各一对，最为特色罕觀。公园周围可数十里，帝国图书馆、博物院均在焉。午后阴雨。

二十二日　晴。早起又便泄三次。午后，青山遣其徒鸟山（南寿次郎）来视。因问其容易溏泄之故，渠云，就大概泄泻论之，肺胃联属，肺气呼吸灵通，血液流行，胃纳强盛，自易消化，肺气或有阻隔，血液亦即蹇涩，胃纳衰弱，遂生积滞，或有泄泻痢疾等症。若欲细察其病源，究竟肺胃有无牵涉，则须检验便质而知，言颇有理。余从前痰饮发时，大解坚难，近辄便泄，老年实非所宜，顾影自怜，觉一年内消瘦甚于旧病时，皆为便泄也。东医既称肺无大病，自宜治胃，使饮食皆能消化，不特便泄可止，且可望食化精液而痰不为祟，余病其或已乎。

二十三日　晴。同仁会评议员、医药学校理事田代氏（亮人）来寓，述其会长大限伯爵（重信）之意，请余为名誉赞助员。闻其章程，注重吾国医道改良，故乐允之，赠一徽章，式甚精致。继张菊生参议（元济）过访，渠先余到东养疴，因病在脑筋，专以游览滋养脑气。余苦为腹泄所累，不能畅游。告以此来欲观览图书馆、博物院章程，以便在沪仿行。从前端午桥制军有同志，是可大力包举，今闻其意欲在北京南京开办，余只可竭绵力捐地盖屋数椽，先立基础以待扩充。菊生颇嘉吾志，极赞成。午后，福田来视，告以又患溏泄，渠细加诊察，云肠胃本未清楚，是以稍食油腻，又见溏泄，即可止愈。旋古河公司 张元济过访菅礼氏（之助）来谈，伊公司有银矿一，铜矿六，煤矿三，发达才三十年，亦是独立公司如三井、三菱然。铜矿之大者出亼铜，距日光甚近，相约往观。吾华五金矿产，素称丰富，惜少注意。大凡开矿，十不得五，非有定见远识，不肯冒此奇险，且华商终虑予夺之权在官，欲进还却，故阒寂无闻以矿起家者。

中国为何无以矿起家者

二十四日　阴，大风。是日，便泄又甚，倦睡一天。晚，大雨。

二十五日　风雨，午晴，风亦渐息。便泄少愈。福茂生游日光回，与谈风景，据称湿气颇重云。

二十六日　晴。偕月如等游上野公园，访菊生参议未遇。出游浅草公园，沿河夹岸遍栽樱树，不下数千枝。日人亀田氏（鹏斋）有诗曰：长堤十里白无痕，讶似澄江共月浑。飞蝶还迷三月雪，香风吹度水晶村。亦可想见其花开时之景象矣。纡道过向岛百花园，一片秋草，秀色可餐，较烂漫春风，另饶一种幽致。中国园丁大都知养花而不知养草，亦一缺点。园门以枯树根二株为之，署一联云：春夏秋冬花不断，东西南北客争来。中有茅亭一，结构极古，就其中瀹茗小坐。园主风雅士也，出一册请题记以作纪念，余随笔书数行付之，称谢者再。又赴树艺公司，矮屋数椽，竹篱茅舍，萧然野趣，而松柏尤出色。有一盆松，枝干雄厚，虬角龙须，不可名状。园丁曰是数百年物，问其价，三百元。两处购取盆草松柏数十种，而以老少年二十馀盆尤可爱，红紫黄绿浅深各别。古人咏老少

游浅草公园

34,8,27

年诗云：谁将叶作花颜色，更为春风迴不同。信然，如能携归布种阶前，是可于东篱秋色之外另树一帜者矣。

二十七日　晴。偕直卿等游三越吴服店（据东人自称，日本之织绸缎，自有苏人教之始，故绸缎店统名为吴服云。）是店亦三井所股开，房屋之大，陈设之精，为东京翘楚。据称去年各埠售货，约可值一千四百万圆。其店内穿堂左右有方池二，中栽铁树，满布青苔，流水一碧，金鱼数十尾游泳其中，上罩玻璃天幔，可随时开阖。池底用细棉土筑成，铺以碎石细砂，池中用自来水管司其启闭，故水虽浅而常漪。楼上有待客精舍，顶糊雨过天青色纸，四壁用秋绢，满画竹枝，配以大月洞窗，室中陈设纯用雕竹为之。店主云，此种布置见诸法国，其清雅幽娴之趣，令人爱不忍去。另有照相室一间，结构亦殊精雅，因摄一小影而出。归途微雨，午后大雨旋止。

绸缎店之陈设布置

二十八日　晴。十一钟，偕深泽、福茂生等，乘火车赴镰仓。以北里之言，先往一看山本，同行是人颇具热心。谈及中国币制，渠言，不说朝暮异价，而瞬息变幻，一任市肆中人为之。金本位、银本位都说不到，直谓之无本位国可也。尝调查中国近三年，因铸铜元向各国购买铜斤，约共值八千五百万元，其中购自日本者，约三千二百万元。实则所购铜斤统不过值价三千馀万，只以中国涌购，陡然涨价。倘将此八千馀万自开一大铜矿，岂非百世之利云云。其言极痛彻。约行两钟，抵镰仓。是处三面皆山，风来和暖。据称，近处适有一岛，对障阳光，逼入海

议中国币制

中，故气候较东京约可暖十度。继赴旅馆（名海滨院），看房屋，南窗松径之外，海色岚光，爽人心目。即在馆中午餐，饭后，白总领事（须直）来，相携前往海滨。微风平浪，山本、福茂生等约赴海中游浴，余与白领事憩待茅亭。为诵落霞孤鹜齐飞，秋水长天一色，实具此景象，六钟，上车回东京。

纵谈制铁所事

二十九日　雨。陆军中将兼制铁所长官中村男爵（雄次郎，号波外）枉顾，纵谈制铁所事。中村云，厂中自有小煤矿两处，马丁钢炉六座，日夜出钢四百馀吨。明年第三炉告成，共可出五百吨钢。炉马丁、贝色并炼，以马丁做上等轨料，贝色麻做次货。生铁炉用萍乡焦炭，一吨一可炼一吨，工匠极愿用萍焦。其所以不能全用之故，一则焦炉有一种炼出之油，为本国海军所必需，势难停炼。一则萍焦运脚太重，且易屑碎亏短，恐工匠惯用萍焦，将来难改，故不敢全用。询其资本，云约值四千万圆，现已用至六千万，皆系开办亏累。今议加本一千五百万圆，五百万已经议院议准，一千万须明年再议。东亚惟汉厂与制铁所并峙，近来名誉远播，欧美至为震惧。煤铁报章至论之为黄祸西渐，极力筹抵御之策，美德各厂已经联合，而国家又任保护。曾见韩国购轨，美国故意跌价贱售，惟英国独恃商力，所以生意不敌美德等语。问其国家保护之法若何？答称应加重进口税，免去出口税，凡用材料均买本国，其馀国家权力所能到者，尽力保护之。余曰，中国税则载在约章，即出口税亦不易邀免，与贵国情

34,9,1

形迥殊。中村曰，似此，华厂恐无把握。晚山本邀同观剧，所演系一日人初游英国伦敦，做出许多笑谈，但有说白而无歌曲。末演戏中戏，扮出英、俄、德、法、美、日六国军队，及本国军队登场，满座鼓掌，可见该国民爱国热诚为他国所不及。

晚观日本戏剧

九月初一日　雨。大仓派其理事高岛氏（小金治）来，所谈皆萍焦事。继兴业银行井上（辰九郎）理事，铁道厅海野（力太郎）主事，均走访。傍晚，天气骤寒，可御重棉。

初二日　晴。两天雨后，步视阶前老少年，颜色鲜明，盆中松柏，湿翠欲滴，煞是可爱。午后，东瀛宿儒冈振衣（千仞）过访。冈氏博学能文，曾游京、津、苏、杭、沪、粤等处，为俞曲园先生所称许，一时知名士皆乐与之游，系二十五年前旧交也。以所著《观光纪游》三卷持赠，余亦赠以一联云：重翻日记两三卷，犹忆风姿廿五年。

冈千仞过访

初三日　晴。赴上野访菊生参议，畅谈一钟。旋游帝国博物院，名目繁多，不可殚述。另有两室，专列各国各种矿石及矿山、矿厂模型，颇足以备研究。是知博物院之设，非但以资多识，且亦关乎实业。湖北铁政局顾问官原口氏（要号，不争），统监府铁道局长古市氏（公威）走访。旋帝国大学毕业生刘成志（同仁）来见，该生为同乡刘子迎观察之孙，闻其笃志劬学，颇能绳武云。

游帝国博物院

初四日　晴。汉冶萍公司商务总管王阁臣自上海来，详谈近时钢铁卖买情形。午后日本新简驻北京伊集院公使（彦吉）偕书记官郑永邦氏拜访。永邦为永昌之弟，郑大木（成功）之后，精通中国语言文字。伊集院亦余旧识，畅叙阔衷，欢逾恒泛。余因谓曰，中日同种同文，兄弟之国，讲求亲睦之道，须在实际，不可徒托空言。即以商务而论，铁为日本所至急，而出数甚少，汉厂不惜大冶矿石，公道售济，此其一端。总之，有无相通，患难与共，相依如唇齿，相顾如辅车，方不愧兄弟二字。公使亦深以为然，并云，一星期内即须启程赴任，当以病躯未能答谒，专函道歉送行。六钟，青山偕鸟山来视，劝余第一饮食调匀，且宜多食滋养品，庶可日臻健复云。

谈中日亲睦之道

初五日　雨。华商王惕斋（仁乾以字行，慈谿人）过访。渠言，到日本时尚在明治初年，已阅四十载，维新一切情形均其目睹。见其短一左臂，询其故。云前十六年乘人力车，为贵族马车撞倒碾伤，延辨护士讼诉，庭判谓咎不在马车。遍访外科均不肯言，旋访一新到德国医生求其指教，曰若非马车数百斤压力何能使伤骨粉碎，现惟有将臂截去。乃熟记此言，复讼，被告谓已领伤费，情同讹诈。余讼曰，从前只望医愈，现截臂成废，须偿我一生养费。被告词屈，遂判定右手无恙，但做事须请一帮手，议贴每年薪费洋六百圆，以十二年为度，共得七千二百圆。区区钱财不足言，惟讼胜贵族，差可自豪。惕斋虽久居海外，不忘祖国，曾有条陈当道改良时政书，及时弊琐言。余赠以联句云，君老游踪观变政，天留右手写新书。颇觉

华人与日本贵族诉讼

34,9,6

切合。五钟，山本柬请茶会，见其房屋纯用木料，无一砖石。渠云瑙威国①木植便宜，可绘图照造，运回装配即成广厦，美洲造木房均如此法。八钟，欢散。夜大雨。

挪威木料便宜

初六日　晴。偕仲雅、月如游小石川帝国植物园。是处地形低洼，大雨后平地水深尺馀，两面店户均浸水中，行人手携木屐，凫水而行。幸东人服式较便，尚不见其苦。入园人纳游资四钱。园周围闻可四五百亩，松柏樱树居多。日本樱花著名，惜游非其时耳。其茅亭均以枯树根架之，极古雅。有温室一（四围玻璃，空其下，置有积水池及热气管），所供奇卉异草，大都温带所产。中有兰草数种，叶如万年青，花似兰蕙，大径二寸馀，茎如藤枝，用竹架盘绕其上，每茎数十朵，惟无香气。有大树一，计可三四抱，题曰七叶树，每枝七叶，无少差。又有大松一，其枝屈曲，下垂如盘槐，然均所罕睹。是日，游行园中，约三四里，步履甚健。

游帝国植物园

初七日　微雨。午后，鸟山来视。夜，大风，真有满城风雨近重阳之概。

初八日　晴。原口古市就旅馆开欢迎会，并邀请书画诸名士，结海外翰墨缘。原口赠诗，北海赠画，皆席坐一挥而就。北海并有来游西湖之约。余赠以联云：画宗北苑一时杰，愿约西湖十载游。赠原口云：感情嘉会诗书画，老健长吟松石梅。又云：同轨同文来万里，能画能书萃一

与日本名士结海外翰墨缘

①瑙威国：挪威。

堂。皆就事实拟撰也。是日到会者三十馀人，有胡馨吾、李柳溪（家驹，考察宪政大臣）两星使，伊集院公使，大藏省若槻（礼次郎）次官，兴业银行添田总裁及各实业家，有题名录。中国乾嘉时颇有此韵事，今则海外流风盛于中土矣。

初九日　晴。赴北里病院研究所访之，与其详论病情。渠云，大凡病非急症，医药总须专一，既有责任，亦见功过。至于探源立论，尚重调养，药饵之功，止居其半。且养病之法，尚有一种天然性质，即如咳喘怕寒，可于交寒令之先，移居和暖地方最好。有一种自然蒸气，不燥不湿，如镰仓热海等处，暖度约在六七十左右，若徒住闷闭房屋，毫无空气透入，再加之火炉等，类热既过度，燥又加甚，是非养病而反增病矣。苟能择住合宜之处，只要一二年不发，身体即可强健。身体既好，脾胃亦强，饮食自然悉化精液，从此爱护精神，加意调摄，旧病可不药而愈，新病亦无自而生。现在听察已较初来时稍好，今承下问，故备论之。又谓神户左近有须磨、舞子两处，与镰仓等，亦比东京为胜云。午后，游日比谷公园，聊应重九佳节，惜步履不健，未能登高眺远，以畅秋兴耳。

养病之法

初十日　晴。访青山于其寓所，其论病情及劝住热地大致与北里同。惟力言须磨温热胜东京十度，南临内海，三面环山，冬无朔风，旅店亦好，避寒最为相宜。出，赴帝国图书馆。大楼二层，规模宏敞。藏书楼共八层，每层高仅七尺，书架称是，便于取携。每日看书者约七八百

游帝国图书馆

34,9,11

人。据接待员云，所藏宋板及抄本不少，惟不付阅。其阅览室分特别、寻常、妇女三处，入阅须先购券，特别券纳资五十钱，寻常三十。卷轴浩繁，不及细观，购取其书目一部，并留题游日，以志鸿雪。

日本币制沿革

十一日　晴。小田切及日本银行调查局长片山氏（贞次郎）过访。详谈日本币制沿革，原原本本，不啻将一部明治财政史，提纲挈领以示之。益信外人专门学非偶然也。是日，小田切口译，仲雅笔述，其说云：论本邦近世货币沿革之大概，当首述幕府末年货币之状况，次明治初年货币之制度，次增发纸币之经历，次整理货币之事项，而终以方今之制度，此其次序也。

德川幕府时代货币制度，以庆长年间所定者为基础，其后曾经改革数次。单位以金为一两，一两之四分之一曰分，一分之四分之一曰朱。当其初行金货及铜钱，而银不与于货币之列，盖以小块银行之者也。幕府中叶以降，始铸造银货，其时金一两较当今货币价格计值几何，纯量几何，随时代而异。庆长小判金十两，以明治四年货币制度之圆计算，为百二圆有奇。幕府见财政之竭蹶，思有以救之，迭经改铸。欲使货币品位进于良步，然就全体而论，则品质渐就粗恶矣。按安政年间所铸小判金十两，以明治四年之货币制度计算，该三十五圆有奇，一分银十两，该十二圆有奇。上溯此时代以前金银比价，凡金一为银九之比。当时通商互市之局成，在外国金银比价凡金一为银十五六之比，外商携银圆易我银货，复以之购我金货而归者不少，因此国内金银货之价格遂生差异焉。幕府于万延年间改铸金货，小判金十两，以明治四年之货币制度计算，该十三圆有奇，二分金十两，该十一圆有奇。幕府虽经改铸，然未克改铸通货全部，此新旧货币所以有混合通用之处也。且同时各藩有私铸货币者，我国货币遂陷于甚杂乱之状况，不徒内地人民不便，而外人亦鸣其苦情。至明治维新时，仍无以异，新政府曾累受各国公使之严重谈判者也。

明治维新后政府整顿币制

明治维新后，政府既锐意整顿币制。二年设造币局于大坂，三年铸造新货币用十进法，以银货为本位，银一圆仿墨银九百位四百十六格兰（位指其纯分，格兰指其量）。明治三年，在美国之伊藤公爵（尔时之大藏少辅）提议，依照美国制度用金本位。四年，遂制定新货条例，以新货条例之金一圆，该向来之一两，一两之十分之一曰钱，一钱之十分之一曰厘金，一圆为九百位二五格兰七二，而银圆仍用九百位四百十六格兰。严密言之，新货条例一纯粹之金本位也，五十钱以下之银货为补助货，其一圆银则限令用于互市之地。然金本位遽难见之实行，迨明治十一年始许内地通行一圆银，就制度以观，固已为金银复本位矣。及考求当时实际之金银比价，则与法定之金银比价相径庭，金一计该银十七八以上（法定金银比价，金一约合银十二，故人皆藏金而用银也）。故核实言之，则虽谓事实方面实系采用银本位也。明治初年之货币制度固如右所陈矣，进而观通货状况之实际。新政府际明治之

34,9,11

初，所有收入尚未达于确实之域，加以镇定内讧，费用孔多。明治元年，始发行纸币，至明治五年其额达六千四五百万圆。此外，自幕府末造至明治初叶，各藩之财政颇紊乱，其发行纸币亦不少，至其额数，按明治四五年际所调查者，至三千八百万圆之多（其中有违法发行者，迨后政府最终所兑换之数，仅二千二三百万圆而已）。此等各藩所发之纸币，迄明治四年废藩置县，许其兑换政府所发行之纸币。然政府之纸币，当发行初，流通颇难。政府时下罚令，讲强制通行之策，积月累年，始成习惯。虽流通不甚障碍，然政府当发行纸币之际，既约法后可兑换正货，固当设法整顿，始终一致，不可失大信于国民也。

除幕府外各藩亦发行纸币

纸币整顿一节，始于明治三年。伊藤公爵（当时大藏少辅）由美国条陈，须仿美国制度，发行公债，设立国立银行，至五年遂见实行。其要旨在由政府发行金札，引换公债（公债之名），人民中醵出资本，设立国立银行。银行资本之十分之六，则先以政府纸币（政府发行之纸币，谓之政府纸币。政府代银行制造纸币，使银行发行之，谓之银行纸币）买该公债，复以该公债托政府作抵，而由政府领取相当价值之银行纸币（即资本之十分之六）而发行之。其资本之十分之四，以正货为准备，有人凭票取银，则付正货。此法一行，与银行资本之十分之六相当之政府纸币变为公债，一面不能兑换之政府纸币绝其迹，而径换正货之银行纸币遂通行矣。然因当时政府纸币流通之额不少，政府纸币与正货之间价格不免稍有差

仿效美国发行公债

异（此时政府纸币又有几分正货相并流通，非全无正货也），因此国立银行发行银行纸币，随发随换正货，而此法亦不甚奏效。开办以来至明治九年，国立银行之设立仅四家，纸币发行总额止二百万圆。然明治四年废藩之后，政府依然颁给秩禄于各藩主、藩士。明治九年始废秩禄之制，换给公债证书，名曰金禄公债证书，其发行之额凡达一亿七千馀万圆。惟此公债一经发行，其价格必下落，藩士族等均有不便之虞。政府以为借此容易设立国立银行，爰改正国立银行条例，要旨在准其以与银行资本十分之八相当之公债作抵纳，于政府发行同额之银行纸币同时，以资本之十分之二备为兑换之根用正货，并准其用政府纸币兑换（兑换专用正货，则可此时准并用政府纸币，是所以弊生也）。于是银行纸币失兑换正货之性质，与不换纸币同，因此银行设立较易。至明治十三年，银行之数以百数十计，发行纸币之额共三千四百馀万圆之巨。如上所言，不换纸币渐次增加，政府另为补岁入之一时不足，频发行预备纸币（从未发行而藏之于库者谓之预备纸币）以应之。至明治十年，西南事起，军需颇巨，因发行纸币二千七百万圆。纸币之额既逐渐增加，纸币之价格亦逐渐下落。明治十三年正月末，纸币流通达于最高之域时，核其总额至一亿七千馀万圆。就其内分别言之，则政府之普通纸币凡一亿千三百八十馀万圆，预备纸币二千二百万馀圆，银行纸币三千四百馀万圆。纸币之价格日渐下落，政府始谓非由货币之下落，乃在银价之腾贵，而银价之腾

发行预备纸币

34,9,11

贵，乃由外人于银货及汇票之市情阴为垄断，因此设立横滨正金银行，又经由二三银行，售政府所有之银货，以图遏抑纸币之下落。非徒无效，而又加甚，正金银行一时亦陷于危迫之境。纸币增发之结局，终至物价腾贵，涨落无常，增长奢侈之风，奖励投机之心，外国贸易输入常多于输出，经济社会之基础甚属困难。至明治十三年，政府以为纸币不可不消却（或收回之，或以银换），即改正酒税，得增收五六百万圆，并连节省各部经费之所得，从事于消却纸币。十四年，有借外债消却之议，庙堂之上不以为然。是年十二月，松方侯爵为大藏卿，亦专力于整理货币矣。松方侯整理之方策，一面消却纸币，一面收积正货。设立中央银行，俾其发行兑换券（兑换券者，中央银行所发行之钞票，凭票付银不误），以图纸币之统一。松方侯整理之入手为预备纸币，当其为大藏卿时，发行总额达千四百馀万圆。因此一端，故首先改定岁入岁出之出纳顺序，使国库现金运转灵活。废预支经费，禁各厅置无用之资金，又暂将政府准备金中之资金，及当时中仙道铁道公债（此公债发行之本意在修路，其时已经发售，而所得之资仍存政府，故利用之也）之集金，利用之。至明治十六年一月，预备纸币全数收回。此后，准备金中之资金尽为正货，中仙道铁道公债之资金用为建设铁道，无从利用。十七年，大藏省制定大藏证券条例，国库一时不足，以发行大藏证券补苴之，遂成为现时之制度矣（此节述整理预备纸币始末）。继此而言，普通之政府纸币，

兑换券

松方侯为大藏卿时，发行总额至一亿五六百万圆。其时，定各省经费，三年之间不增不减，以其他所增收酒税及节省经费所得之每年七百万圆，供消却纸币及蓄积正货之用。同时，运转准备金，以图吸收正货焉。兹稽此准备金之根原，乃明治二年政府为兑换纸币起见，每年以税外临时之收入积存，五年达千六百万圆，许采用井上侯爵（当时大藏大辅）之意见，设准备金规则而运用，而利殖。明治十四年之十月，以五千五百万圆计，询其中所有正货仅八百万圆（借与外人款项亦在其内）。整顿此准备金之贷金，等后（贷金为借出之款项）使横滨正金银行经理出口汇票（货物出口时所需之汇票），其意盖在吸收正货也。前策行之成效既著，加之因金札引换公债，本利给付正货，人多需之以纸币购公债，而纸币入官。十八年末，政府纸币额减至八千八百万圆，同时正货之蓄积达四千二百万圆矣。先是明治十五年，设立所谓中央银行之日本银行，而日本银行之制度组织，大体多仿比利时国之制，盖除创立未久之德国银行外，以此为最新矣。其制度甚属完备，洵可取法，然当其始固未尝发行兑换券也。日本银行既立，明治十六年改正国立银行条例。凡各国立银行以开业后二十年为满期，以发行纸币（银行纸币）之数四分之一相当之准备（谓正货也）寄放日本银行，又以发行纸币原额之年二分五厘（即每半年一分二厘五毫）相当之数，每半年存入日本银行，以此两项买收公债，而以其子利消却银行纸币。如满期后，尚有馀数，始卖去公

汇票

改正国立银行条例

34,9,11

债，以供消却之用。因此法实行，致有歇业等事。十八年末，银行纸币减至三千万圆焉。整顿纸币之际，实有种种困难情形。当其整理之始，纸币之价格渐行回复，物价则逐渐下落，各种之生产者无论已，其中尤占人民多数之农民，见此情形颇虑减其收入，地方官之反对者亦不少。不第此也，设日本银行，适足以树国立银行及为其股东之旧藩士族等之反对。然其困难虽如上所言，而卒能着着实行者，盖以见天下事之不可畏难苟安也。至明治十七年，定兑换券条例。十八年，始发行兑换券，其时所备正货，一纸一银，根柢极固云。照以上办法，至十八年末，整理纸币之业成，正货积存不鲜，纸币之价格亦经回复，银纸之间，市价无差。因此，十九年一月，政府始开办纸币正货兑换之事，然来兑换者甚鲜。此时兑换之法，以银换纸，而银价则久在法定价格之下，故就事实而论，已复归于银本位之实况矣。明治二十一年，政府纸币减至四千五百万圆，银行纸币减至二千八百万圆，于是准日本银行以公债及商业市券为抵（以前发兑换券之时，一券必须备一银，至此始准其以公债等为抵而发行之，谓之保证发行），而发行兑换券七千万圆，以其中之二千二百万圆借与政府（始附息年二分，至二十三年增保证发行之额七千万圆，作为八千五百万圆，此后所借款项均不给息），并与准备金，为消却政府纸币之资，又七千万圆之内二千七百万圆，系与银行纸币之消却形影相依而发行者。自兹而后，日本全国之纸币始以日本银行之兑换券统一之矣。日本银

整顿纸币困难情形

兑换券

日本银行取法比利时

行之组织制度，如前所述，取法比利时，而保证发行之制度，则师德国。若保证发行之额有逾，其限在德国则课五分之税，在日本则体察实在情形增至五分以上焉。实行消却纸币，照十六年所立方法，当时国债价格下落，以发行纸币之数之四分之一相当之正货，与每半年合发行纸币之数之一分二厘五毫即每年二分五厘之积款及其利息消却纸币。各银行尚可预期馀剩，自后因公债价格腾贵，遂行不足。二十一二年，各该国立银行，始请缓期营业（本年二十年期满）。此事起二十七年，亘廿九年，成为议会之问题，政府始终不允其延期之请。若至期满而纸币尚有未消却者，由日本银行借款，不取利息，每半年以发行总额之年二分五厘为限，分年偿还之。整理纸币事毕后，我国货币上问题，银价之下落是也。银价之下落，发端于明治六年，采用德国金本位制，积久沿袭之金一银十五六比例之金银比价，几有江河日下之势。尤以二十五六年为甚（二十三年一时非常腾贵此例外也），是时，吾国实为银本位之国，因银价下落大受影响，于是币制遂为必需研究之问题。政府因于廿六年设货币制度调查会，集专门学及实业家研求此事。有主维持现行制度，即用银本位者，有主采用金银两复本位者，然多数则以进于金本位为我邦之利益焉。如上所陈，既需进以金本位矣，然欲施行而无多数之金。适二十八年得清国之偿金，松方侯当时为大藏大臣，利用之为采用金本位计焉。明治三十年春季，议会提出货币法案，经历次讨论，始定为法律。据该法，乃系以

货币制度调查会

34,9,11

旧日金货一圆之半额作为新金货一圆，当时金银比价金一约银三十二左右，故由银一圆进于新金货一圆，无所窒碍也。该法律之实行，为是年十月。当时，政府以金货换银货，或因收税等收回一圆银，或在造币局为铸造一圆银所寄存之银块，许其交换金货，计数共七千五百万圆。此七千五百万圆之银货，及银地金之内二千七百馀万圆，则为收回日本银行之一圆兑换券起见，用此银铸造五十钱以下之补助货而发行之。又因台湾地方仍喜用银，银货之面盖用识别印记，以供使用，计六百馀万圆。其后偶遇美国与西班牙之战，需银者多，乃在上海、香港等处售银，其数在四千万圆以上，总计此等收入之售价约七千万圆。惟因废银采金，损失五百万圆左右，然如前所云，造币局因铸造补助货，三十年、三十一年两年获利在五百万圆以上，以之补其损失尚属有盈，故国库得免担负也。本位问题既决，此后无甚著事件。唯明治三十二年，以日本银行公债、商业市券等之保证所发行兑换券之额由八千五百万圆增至一亿二千万圆，及三十九年减补助之重量二者而已。日本银行之保证发行限制之扩张， 因贸易发达，一因银价下落，以旧事之金半圆为一圆，而采用金本位，故二十三年所定之八千五百万圆，其额失于过少，其需扩张盖显而易见者矣。补助货之改铸因三十年采用金本位时仍依旧制，至三十八年银价渐涨，如不改革，则补助货之流出，势有必至者也。以上不过略述货币沿革之大要，至其详，则参观大日本货币史，纸币整理始末，明治三十年币制改

本位问题解决

革始末概要，货币制度调查会报告，及明治财政史中货币银行准备金之部等自悉，毋庸缕述。

赴神田访书

十二日　晴。向闻日本颇有旧书，因赴神田各书肆购求。惜维新以后，讲究新学者多，旧书寥如晨星，书贾专事营运，亦不收买，过数十家不得一部。忆昨片山谈币制，津津有味，颇思研究财政，乃选购日本理财等书数十种而归。留学生沈祚延（芑舫）、但焘（植之，但少村方伯之侄孙）两生来见，中、东学问俱优，可造才也。但生闻余求书，因称东京文求堂旧书最多，暇日可以往观。

赴日本银行参观

十三日　微雨。赴日本银行，由接待员延入客舍小坐，旋总裁松尾（臣善）男爵出见，称有病，遣员导观各部局。一曰检查局，检查本店、支店、出张所、派出所各事务，及新筑修缮工事。二曰外事部，监督所属在外代理店事务，及调查报告关于经济上各事。三曰营业局，掌管公债证书、大藏证券及旧货币、外国货币、金银生货等卖买，并勘定借贷等事。四曰出纳局，保管现金出入，及交换流通不便货币，鉴定金银生货，处分赝造等事。五曰发行局，掌管兑换券制造、发行、还收、交换、消却等事。六曰国库局，掌管国库金出纳配布等事。七曰国债局，掌管公债证书、大藏证券等发行、偿还、交换及公债利金等事。八曰文书局，管理一切文书、契约、讼诉等事。九曰株式局，保管抵当品、保证品及本行株式等事。十曰计算局，监查一切帐簿计表，及调制实际报告、季报、决算等事。十一曰调查局，掌管本行业务，及调查内

34,9,13

外财政，编纂营业报告，审查营业预算，保管本店各金库外扉锁钥等事。十一部局之外另有秘书室，管理机密文书，察记使用人之进退、黜陟、异动、勤惰，及保管本行中央金库正副总裁理事各印章。此其大略也。行设正副总裁二员，理事四员，监事四员，每局设局长一，其馀办事员视事之繁简而定。库房门钥甚多，各有专司，非一人可启，铁门之内，密树铁栅，有电灯小铁道。尚有内库地窖，专储真货。是行经始于明治二十三年，落成于二十九年。房屋坚固无比，楹梁皆铁，四周以石楼，共四层，上下有升高机，据称即此房屋，可值四五百万圆云。回至客舍，适副总裁高桥男爵亦至，围坐欢谈，并承赠行中条例定款、沿革大要、职制及事务分掌、创立旨趣之说明，营业报告等各册。该行规模阔大，制度谨严，以视中国各银行，真培塿矣。 参观金库

十四日　阴。偕但植之赴文求堂，中国书籍不少，而精本标价极昂。内有抄本钦定西清砚谱一部，计二十五卷，乾隆四十三年奉敕撰。凡陶之属六卷，石之属十五卷，共砚二百，为图四百六十有四。附录三卷，则今松花紫金驼基红丝傍制澄泥诸品，共砚四十有一，为图百有八，每砚正背二图，亦间及侧面，凡御题及诸家铭识，一一钩摹，精好绝伦。称系内府藏本，问其价二千元。是日午后，制铁所长官中村男爵邀游后乐园，乃约其翌日再来细看。后乐园者，为胜国遗老朱舜水所布置。舜水东渡后，客江户侯，幕府礼以上宾，一任其放浪山水，选胜到 赴文求堂购书 游后乐园

此。内有西湖堤，梅林，通天桥，圆月桥，清水观音堂，白丝泷诸胜。又有古树一，似松非松，似柏非柏，日人呼谓唐崎松，据称日本通国只此一树。又有得仁堂，中供伯夷叔齐像，手一篮中盛薇草，均用檀香木雕成，高约三尺，盖舜水以之自况也。园极宽大，现一半划作炮兵工厂之用，因之此园亦隶入军界，中村兼陆军中将，故得引游。游毕，在西湖堤边涵德亭茶点，并看手技演品，同座有炮兵工厂西村（精一，号清逸）中将暨大尉大佐各官。余撰古风一首赠中村云："厥贡金三品，色尚黄白赤。能富更能强，奚如钢与铁。炮舰千军精莫赛，飞轮万里力可通。天生瑰质强黄种，地不爱宝资亚东。屹然两厂双峰峙，欢若平生美意同。自古先忧乃后乐，徒赏风景非为工。我来名园，山林泉石皆可爱，更爱唐崎松与白丝泷。"又书"儒将风流"四字以赠西村。畅叙而归，天雨。

十五日　阴。文求堂主人送书来看，经史子集约略俱备，选购得数百种。内以钱牧斋选刻之杜诗，《列朝诗集》，及明刻之《管子》，仿宋本之《李白全集》等数种为最。因是东京各书肆颇有闻余嗜书者，络绎送观，大可排遣，随阅随购，统计新旧不下千馀种。据彼都人士云，日本从前旧书甚多，中国人之来此收买者，以汉阳杨惺吾大令（守敬）为最早最多，继之者有德化李木斋星使（盛铎），瑞安黄仲弢学使（绍箕），此外之零星搜求以及贩售逐利者，时时而有。近年，帝国图书馆广为搜罗，苟

在日本购书轶闻

34,9,16

有善本，不惜重价，是以坊间百无一二矣。余意本备将来开办图书馆，公诸同好，与收藏家不同，故和汉新旧，不拘一格，惟山海壤流，愧无以裨助学界尔。

十六日　晴。与阁臣谈萍乡煤焦事，阁臣出示其手译三井煤矿预算，炼焦炉提取杂质，每年所获馀利表。一曰成本，炼焦炉成本四十五万圆，每年可出焦炭三万吨。一曰焦炭馀利，售焦二万九千四百吨，每吨十圆，计二十九万四千圆，内除付煤五万四百吨，每吨六圆四角，计十八万八千一百六十圆，付炼焦费二万九千四百吨，每吨六角八分，计一万九千九百九十二圆，机器房屋折旧二万三千三百圆，共计付洋二十三万一千四百五十二圆，净馀利六万二千五百四十八圆。一曰杂质馀利，售肥料四百二十吨，每吨一百三十圆，计五万四千六百圆。售黑油一千四百吨，每吨三十圆，计四万二千圆。售油七百吨，每吨七圆，计四千九百圆。售煤汽二万四千五百圆（所提煤汽，每钟馀二万一千八百五十尺，马力一千三百匹，计抵煤三十五吨之力。每吨二圆，计七十圆，合计每年二万四千五百圆）。共可售十二万六千圆，内除付硫磺石灰一万二千圆，制炼费八千五百圆，黑油蒸费小工费四千七百五十圆，机器房屋折旧二万一千七百圆，共计付洋四万六千九百五十圆，净馀利七万九千五十圆。两共馀利十四万一千五百九十八圆。外人研究实业，最重预算，故能胸有成竹，操赢制馀，加以国家保护之周密，商人识力之远大，故每办一事，无不蒸蒸日上，卓著成效，诚视吾国胜一

外人办实业最重预算

筹矣。

十七日 晴。专使美国大臣唐少川中丞（绍仪），头等参赞镇国将军载将军（捜），及随员嵇洛如太史（芩孙）等到东。同寓谈及京汉铁路已借英金五百万镑，以别项财政作抵，以还比款，赎回铁路，惟仍暂用比人。余告曰，今春陈玉苍尚书（璧）面商办法。一，比国愿另立合同，删除二成馀利。鄙人答以原合同本年已历十届，此后不拘何时可还，若另立约，恐又需另订期限，似属不便。二，招华商股分。答以此路利厚而稳，已成之路与未成者不同，必可望成，但以后再由官赎，恐拂商情，且干路权利所在，自应官有。三，出公债票。答以公债须由少数短期试办，渐达多数长期。邮部初立信用，恐尚不足。四，另借他国之款，以还比款。答如仍以路作抵，比有借口，且以齐易楚，并无区别。如别筹抵押，换出铁路，利息可减轻，事权可不属，此最容易。但如此长路，华人尚难管理，仍不能不留用洋人也。今得另筹抵借赎还，何幸如之。忆余从前订立合同，物议沸腾，甚谓他年路不能赎，地且随之，去年苏杭甬铁路风潮，犹主此说。嘻，十年重负，今可释矣。

与唐绍仪谈国事

十八日 晴。访北里博士，出过苔香园。园中花草俱系盆景，而松树尤多。园主一老翁，萧然野服，洒脱风尘。内有盆松一枝，比树艺公司所见尤奇，询知为五百年物，问其价五百元。日人最爱花木，且善培养，故一草一木，具有生趣。松柏尤为考究，无论园植盆种，皆另有一

日人最爱花木且善培养

34,9,19

种夭矫之势，令人爱赏不置，而价亦奇昂，闻有值逾千元者。

十九日　晴。中村男爵来辞行，回制铁所。余因谓，日前面谈，东亚惟制铁所与汉厂并峙，近来名誉远播，美德各厂已联合力筹抵御，我两厂亦宜实力联络，何妨先就目前做一小交易，以免徒托空言。乃与其相约数事，一买钢筒一万吨，二售生铁一万吨，三售萍焦一万吨。中村允俟回所商量，握送而别。

二十日　晴。访大仓氏，其宅系购得从前德川将军家庙所移构，极为精美。花园又大，有美术馆一所，陈列精品不少，而佛像尤多，大小共三千馀尊，或则丈六金身，或仅一粟如来，大约环球所有各像，无不罗致，中以铜像藏佛印度佛居其多数，亦可谓别开生面者矣。大仓年七十馀，精神矍铄，善营运，家资数千万，与三井等俱称巨富焉。渠称今年各处生意不好，已亏蚀三百馀万云。

二十一日　阴。访高桥男爵，与谈日本现行之补助币。其言曰，补助币最有利息，因其所值皆不及其所表之价，而五仙镍币利尤厚，实值不及其半，是以民间贪利私铸，各国皆所难免。试略言其防范之法。第一，在国家银行须防流通之数太多，流通太多即难以辨别真伪。现如日本银行各地代理店所用之行员不下五六万人，而各地收税官所管税项其用该补助币纳收者，皆经该数万行员过目过手，遇有赝货不难查知。且此项上税所用及各项卖买受之者，尽受无限制，若再由银行发交民间，则反紧缩之。俟

防范私铸之法

有代理店通报该处不敷流转，始准发交若干，转入民间行用，是以各地代理店欲查知其额数甚属容易。第二，私铸一事，本非尽人能之。其能为者，大都出诸金银工艺等人，故日本警察员平时于此等人极注意。即有敢为者，多在穷乡僻壤之间，古庙败店之内，畏首畏尾，其能铸之数，究属有限也。更有一说，铸造此等补助币，虽所需原料工费无多，究系补助币，设私铸几百元，骤欲用去，亦颇不易。如其将该币转售于人，思欲速获其利，此转购之人，势必又售于别人，即此辗转之间，不露其破绽者几希矣。总之，整顿币制必先设立国家银行，更应将司法及警察制度改良，此为措施之基础。中国现时中央银行与各地代理店之组织尚未完备，且交通机关如铁道航路仍未大开，警察办法亦不见十分灵应，倘一时多铸补助币，转恐淆乱圜法，有害财政。又曰，谈富国者恒言，出口货超过进口为富国之道，斯言诚是也。不知此外尚有富国利民之道，在现时法国，每年欧美各国绅富之游居其境内胜地者，所得之款约十一万万圆，意国约三万万圆，日本约七千万圆。但照此地步，颇非容易，必须一国文化大开，交通便利，美景足以怡情，旅馆足以慰劳，始使人有宾至如归之乐，此不言富而富寓焉。并出示上年至北京上南皮相国条陈币制书，洋洋数千言，具有心得。高桥，著名财政家，名下无虚，不信然乎！

旅游为富国利民之道

二十二日　风雨。本拟赴大隈伯之约，稍有咳呛畏风，乃派直卿持函道歉，改订翌日。午后，晴。

34,9,23

与大隈重信谈养生之道

二十三日　晴。访大隈，年七十二，精神健胜，为余言养生长寿法。曰人为万物之灵，本具有一种活泼天机，须将此灵机常常养存，逆来顺受，险至夷视。盖人一生作事，断不能无意兴，失败时设丁其厄，切宜坦然处之，否则于脑经神经将有中其毒于不自觉者。余昔年秉政时，曾为人炸去一左腿，余毫不介意，以为凡人作为只恃头脑，即有人再将余右腿炸去，余亦处之夷然也。余曰设如人心中偶有一思想，辗转不得透彻，甚至愈思愈昧，精神瞀乱，若至此时，有何法制之？答称此必须得一转换之法。何谓转换，或散步园中，或闲游郊外，闻花香，听鸟语，将此心暂为寄存。或则洗浴，人当凝思之时，血液尽涌于脑际，一入浴水，即贯注四肢，心思自散，此法最为简便神速。夫人精神至可宝贵，切不可思虑过度。《素问》不云乎，精神内守，病何从来。余尝本此语参以己意，证诸德国医学大家之言，著为论说，译载西报。或信或不信，然以余一身之经验观之，实有确乎不拔之理。余幼时身体甚弱，今年逾古稀而聪强反胜，或与客谈论，或登坛演说，或研究时事，历数时而不倦。余生平最爱种植花木，培养学生（早稻田大学为其创办），因此两事皆具有勃勃之生气，象真精神，故乐为之而不怠也。再有一要诀，吾辈年老最忌自存一老念，必须常学作少年气象。记得唐人有诗云，时人不识余心乐，将为偷闲学少年。此二语实有至理，如自以为老，则未老先衰矣。余故尝与人言，养生之诀必须有自信，必能强健之勇气，若无此勇气，一切均不足言矣。余曰七情饮食如何节制？答称喜怒人之常情，但发之过急，遏之过甚，俱足以伤身。至于口腹，先天所赋，不妨由我所爱。若必吃素吃淡以为卫生，则非余所知也，惟其节制之理甚属微妙，可以意会不可言传，大约能做到圣经所云适可而止四字，则得之矣。大隈以元老退居林下，厌视世务，日惟讲求养生之法，尝自信可获一百二十五岁之寿云。午后访胡星使。出游帝国博品馆，内列各肆，自服用以至玩具无物不备。每件标明价值，并悬有农商务省示谕，若有二价，照正价罚两倍。其意盖谓地方逼窄，一经计较价值，必致拥挤，有碍生意。其楼四五层，由渐而高，不用阶级，既省游人步履，又可多列摊肆，立法甚善。东京劝业场不下十馀处，惟该馆规模最为严正。中国工商日见发达，所当仿而行之者也。

游帝国博品馆

二十四日　阴。偕小田切访松方侯爵（正义）谈及新政，渠云：凡百政事均须由财政入手。敝国财政初时极乱，嗣经余极力整顿，并亲赴各国考察，始定用金本位，组织中央日本银行，发行兑换券，自是乃归画一。然苦无现金，仍系虚本位，直至甲午之后，得有偿款，始得实行。询其金圆分量何以悉准美国？答称，余查得美圆最为通行，故依其制。又询其当时铸行一圆银圆何以仿照墨圆分量？答称，因民间已经惯用，若不准其分量，不但不能通行驱除墨圆，且将为墨圆辅之翼，而滋害财政也。余平生精力尽在财政，其整顿详细始末，闻日前日本银行调查局片山局长已与贵大臣详言之矣。余闻贵大臣此来，并欲

凡百政事均须由财政入手

34,9,24

考察厂矿。余老矣，无所裨益，余长子幸次郎现在督办神户川崎船厂，尚能办事，已嘱其俟贵大臣过神户看厂时，妥为伺引，俾可详细阅看。握谢而出。午后，赴三井东家三井男爵（八郎右卫门）之招。观其住宅，随意构结，不拘形式，极幽邃闲雅之妙。花园尤布置特别，余书赠屏联四幅以志欣羡之意。是日美舰队抵横滨，到处悬挂灯帜，预备欢迎，颇形热闹。

二十五日　晴。赴兴业银行、古河公司、三菱公司、日本邮船会社等处答谒。承兴业添田总裁送其行中章程一册。便访青山古市。午后，大限伯偕早稻田大学学长高田氏（早苗）过谈。并赠其演说集、创业录（开办已廿五年）、高田教育时言各书。旋赴李柳溪星使处闲谈。

二十六日　晴。偕小田切访伊藤公爵（博文）。伊云余与贵大臣交好二十年，今亲至敝国，万分欣慰。现在贵国锐意维新，实为东方大局之幸。惟立宪一事，最为紧要，闻贵国预备九年，其志甚盛，然未免视之太易。敝国初议立宪，经余考察七八年之久，始悉英德宪法为最美备（英为立宪最古之国，其法成颁布在南宋嘉定八年，距今几七百年矣）。而德国制度尤于日本为近，其君权亦最重，遂据为范模，次第施行。其间不知费却多少计议，经历多少阶级，受尽多少磨难。计自明治六年确定为立宪政体后，直至二十二年始发布宪法于通国。今贵国地大物博，较敝国何止十倍，九年果能办到否？余答以谕旨既限九年，惟有遵旨赶紧预备。伊云宪法一事非贸贸然所能得

与伊藤博文谈立宪

其窾要，当时敝国预备立宪，余系主张立宪之人，国家即属意余为将来办理之人，故即派赴考察，盖凡事必得之于心者，乃能应之于手。今贵国派出考察宪政大臣凡几辈矣，究竟将来谁是办理之人？元老重臣既不能出洋，而新进阅历尚浅，视事太易，岂谓能通外洋几句语言，识几行文字，遂足当大任乎？试问贵大臣能任其事否？答称，吾已年老，非所敢任。伊云，总之既定九年之限，无论如何必要办到，若办不到，便成乱兆，尚不如不办之为愈也。且第一入手即在财政，其次则在铁路，有财政之准备，而后诸事有藉手，有铁路之交通，而后遇事可应机。贵国于此两项现尚未见纯备，若不猛加祖鞭，恐未易达其目的。余虽衰老，对于贵国颇具热心，犹忆甲午一役，敝国上下均不以停战为然，余以一人主持其间，和议始成。庚子之事，全球震动，并非日本一国发难。现在中日两国极形亲睦，然而挑唆之人时伺其旁。所望贵国日进富强，不使外侮乘内衅而生。设一旦再有变故，则日本虑唇齿之寒，亦岂能袖手坐视。贵大臣为二十年旧交，故不惮一诉衷曲，并有八字奉赠，曰顾全大局，不争小事，当为贵大臣所乐闻。谈至此，有一员匆遽而进曰，天皇待公十二钟宫内午餐，今已其时矣。伊遂起立曰，适与贵大臣长谈，几忘之矣，暇日再当约晤。余即兴辞而返。

与日本外务大臣谈时局

二十七日　晴。偕深泽访外务大臣小村伯爵（寿太郎）。谈次及时局，小村曰：东亚首推中日两国，其应慎密交谊，彼此以保全大局为己任，固无俟言。惟所谓保全

34,9,27

之道，端在推诚协和，勿使他人离间之策乘隙而入，庶能共享平和之福。余尝静观事局之变，近有内外压力两种。请先言其自外者，约在十五年前，欧西列强在亚非利加洲①，始则暗树势力范围，继且明争主权领土，扰攘多年，其局始定。于是遂移其惯用之压力，转而之于东方，大都注意中国。有强请办矿者，有要求造路者，时局纷扰，深为可虑。其时有一事竟似挽狂澜于既倒者，何也？英日同盟之约是也。该约声明两国宗旨，必要保持中国领土，使主权完全无稍缺憾。其意谓有反对此义者，与英日两国应作对敌观。然诡计异谋，仍有乘间而起者，逮日俄战后始恍然省悟，蜃楼海市，一扫而空。所谓外来压力，由此断绝，东方大局，似可高枕无忧矣。然而否否，倘吾两国不明其应明之道，不慎其应慎之方，将推诚协和之实意，视为矫揉造作之虚文，只顾目前，不图日后，交涉因而多，故邻谊由是乖离，甚至授人以离间之机会，彼此均受其荼毒。此之谓内压力。一旦有内压力，则外压力无不跟踪而至，故最可畏者，内压力是也。是以敝国深望贵国，乘此内修政治，外辑邻交，振兴工艺，奖励殖产，以跻于富强之宏基。使吾兄弟两国，相亲相依，永固吾圉，此大局之幸也。余应之曰，鹬蚌相争，渔翁得利，自古云然。日前晤伊藤公，亦语余八字，曰顾全大局，不争小事，正合贵大臣之意。但此八字，应须彼此守之。小村

谈中日邦交之道

①亚非利加洲：非洲。

曰，极是。又曰贵大臣在贵国创办各项实业，久已倾倒，鄙人于政治虽有一知半解，而经济一项识力浅薄，实不足与贵大臣同日而语。然尝有一思想试为贵大臣言之，适言推诚协和，在两国官长，遵行不难。然欲收协和之实利，尚须先从商民着手。方今最良之法，莫如合资经营商业。贵国地大物博，甲于全球，但地藏虽富，必资机力，机力虽灵，必待人工。敝国工商制造，差有一日之长，若能多设两国商民合资公司，兴办各种实业，各就所长，通力合作。材料取之充裕之地，制造委之得宜之人。谋国富强，沟通情愫，无过于此。且贵国商人，向来购买洋货，仅得贩售之利。若合资办事，则贩售之利专之，制造之利共之，可谓有两利存焉。鄙人深信，欲收协和之实利，此事必首屈一指。余曰中外合股事业，在中国以汇丰洋行为得利之最，该行寄存华商资银不下数千万。此外，如怡和公司等，华商资银亦不少。小村曰，余意与此异。一则寄银受息，其利微而呆。一则合资办事，其利厚而活。一则任其分给，毫无管理之权。一则互相钩稽，确有把握之事。余曰，诚然存银生息，尚乐为之，合资办事，必更踊跃。言及汇丰怡和者，借示此意也。余昨过贵国兴业银行问：其何不在敝国，由两国商人合股，设一分行，遇有兴办实业，均可借给资本。因兴业二字，所包者广。小村曰，该行前数年，本有分设贵国之议，因资本未能十分充足。兼有法条限制，贵大臣若有办法，鄙人亦可向前途商量。并邀余初二午餐，辞以病体谢绝酬应。答称，余固知之，不

谈合资经营商业

34,9,27

过略备粗肴，以尽东道，不作请客观也。下午微雨，访新任递信省大臣后藤男爵（新平）。后藤曾任南满洲铁道总裁。熟于路政，惜时晚大雨，匆匆执别，未及细谈。嗣闻其于铁道，颇有改革。查日本铁道，向例事无巨细，悉禀递信省之命，铁道事务，则属于铁道局，会计事务，则属于经理局，局长咨询次官，次官咨询大臣，层层钤制，事事淹迟。后藤实行其铁道国有之宗旨，改订从前官制，易铁道厅为铁道院，使其直隶内阁，以全国铁道之监理区为三大方面，各方面之部长，受治于总裁，专司其职事。其官制置总务部、监理部、工务部、运输部、经理部五部。于都会重要之地置监理局，局设正总裁一人，副总裁一人，技监一人，部长五人，局长五人，书记官十人，参事、主事、技师等高等官五百馀人。中国现止京汉一干，津浦甫在开办，制尚简略。将来粤汉、川汉次第告成，八达四通，规模大备，或有需取法之处耳。 日本之铁道改革

二十八日　雨。访铁道厅平井总裁（晴二郎），临别问余何日动身，当预备专车恭送，辞不敢当。五钟，胡星使招饮丁使署。

二十九日　晴。午后邮船会社近藤社长（廉平）招赴九段公园能乐堂看能乐。所谓能乐者，日本之古戏，箫管弦鼓杂作，一人唱之于前，数人和之于后。其声调比苏之昆腔而加促，浙之高腔而加激，别饶音韵，亦殊可听。 观看日本之古戏

三十日　阴。偕深泽访内阁总理大臣桂（太郎）侯相，与谈制铁所事。桂云此厂开办在余上次任内阁时，因

见外来钢铁甚多，思设法以抵制之。初办时甚不容易，幸历任长官及现在中村男爵办事干练，始能到此地步。但查每年外来钢铁仍有四千数百万，此皆由于用货日多，出货尚少，是非急谋扩充不足，以云抵制也。惟敝国原料不多，故有购运大冶矿石之举。鄙见最好两国合办，贵国富原料，敝国精制造，资本各半，利益均分，通力合作，急起直追，抵制之道，庶几在是。大凡办事总须资本大，方能获利厚，即以敝国之铁路例之。从前官办之外，另有十七公司，统计路线五千英里，各公司资本自三四百万以至千万不等，章程纷歧，互相竞争，实于国家交通利便颇有关碍。因想定一铁路应归国有之宗旨，余旋辞职，告之后任，后任亦以为然，十七公司遂收归国有，共得资本六万万圆，成效大著，即现有之铁路是也。此后若须一律推行，尚须四万万至五万万圆。余曰，或云贵国制铁所亏本因系官办，余颇疑其说，因余所办之汉阳钢铁厂系属商办，而亦亏蚀，其盈亏当在出货之多寡，断不在官商之分别。桂云诚是，即上言敝国铁路归官之后，一切较商办为胜，而其好处尚在资本之大。惟若官办不得法，害有甚于商办者，何言之？官办之事必有一种法律绳之。所以余尝思将国有铁路定一特别会计法，使其毫无牵掣，永享交通利便之益，此事今冬国会开议必可议准。余曰此件如不守秘密，定准后可否见寄一分。桂曰可。余又谓，近闻贵国商人与英国阿姆斯脱浪公司，在北海道合办一制造钢铁厂，此合同秘密否？桂曰，并非密件，亦可设法送阅。又

与日本内阁总理大臣谈时局

铁路国有之利弊

34,9,30

曰，尚有国家事与贵大臣一谈，近来中日两国极形亲睦，惟以东三省事时有龃龉，显得吾两国反不及他国之和平。其实不然，只因庚子之后，加之日俄战域在中国，遂生出种种交涉。鄙见宜将未了之事，各怀退让，作速了结。伊集院公使本持和平宗旨前月赴任，又将鄙意再三谆嘱，只要与大局有益，宜彼此忍痛苦以协商之。贵大臣回国可将鄙意转达贵政府，当不以为河汉也。桂又云，贵大臣此次到制铁所时，应请详细阅看，或可商量一合办之法。余曰，必当细看，惟钢铁税则最关紧要，闻贵国即将与各国改订税则，断不可使东方吃亏。桂曰，谨领教，适言彼此忍痛苦五字，实为己为人之忠告，请即作为纪念。珍重握别。午后，晴。三菱东家岩崎男爵（久弥）招饮于其别墅。其园林胜概为东京之冠，过一池，游鱼仰沫，夕阳影里，似解亲人。正行间，突见锦鳞跃高水面者尺馀，想庄子濠梁之乐，当不是过。余戏占一句云，人影入池鱼惊跃，拟即景属对，而未果也。 惟钢铁税最关紧要

十月初一日　晴。赴留学总会馆，盖践龚农瞻（廷栋）、朱叔源（增濬）两会长之约也。四钟，青山博士过谈。 留学总会

初二日　大风。赴小村午餐。五钟，三井高桥大仓公宴于三井会社，同会七十馀人，衔觞接席，极宾主之欢。是日，先托庄果成（浩）内阮（留学早稻田大学，系湖北官派学员）由火车送行李赴神户。

初三日　阴。七钟半，上车送行者，胡、李两星使，

送行者

卢参赞，外务省石井次官（菊次郎），政务局局长仓知（铁吉），外交局局长荻原（守一），能势总领事（辰五郎），神尾中将，贵族院下条议员（正雄），三井有贺理事（长文），大仓高岛理事，冈千仞氏，留学总会馆龚、朱两会长，王惕斋诸君。并承高桥男爵、小田切氏远送至平治驿，杨石渔太守，但、刘两世兄送至国府，津原口氏送至静冈。前驻德国公使井上大使（胜之助，井上侯之公子）适同车赴兴津（井上侯住宅在焉），过车晤谈。抵西京，承川崎造船所松方督办，及留学京都帝国大学刘勋麟、张景光两生远迓。九钟，抵神户，兵库县服部知事（一三），不破事务官，铁道厅春日理事（秀朗），李光泰、郑祝三两商董，欢迎车站。是日，十二钟，过富士山下，为富士川。是山为日本最高之山，虽盛夏亦有积雪，遥望山巅，约略可辨。三钟，过今切两面大河，宽阔而清浅，游鱼可数，渔舟数十垂钓其中。五钟，过木曾川。自东京至神户，计程三百七十馀英里。山洞约二十馀处，以金谷、大谷、烧津等处为最深。铁桥十馀座，以大井、天龙为尤长。然视中国之广武山洞，黄河大桥则瞠乎其后矣。是行系快车，只走十三钟半，慢车须走十九钟。其轨道较中国为窄，据查欧美各国及中国通行轨道均以四尺八寸为最宜，日轨仅三尺六。平时搭客无所出入，设遇紧急军事，运送兵马，不能横排，装数既少，尤易杂沓，此其大病，即寻常装货亦不免吃亏云。此行承铁道厅平井总裁送余特别车票一纸，又特备头等车一辆。神户又先承李光

日本铁轨较中国为窄

34,10,4

泰商董，借定叶子衡观察（叶澄衷观察之四公子）住宅，房屋精工，装饰齐备。既不觉行旅之苦，而又得安居之乐，盛情正感不浅也。晚，雨。

初四日　晴。张领事、郑祝三、李光泰诸君过访。午后，答谒服部知事，暨领事各商董。

初五日　晴。赴须磨，三面环山，南临内海，小有街市。北山特高，故冬无朔风，天气和暖，诚如北里、青山所言。山多松树，和风吹送，涛声盈耳。海中多渔舟，饱挂布帆，曳纶上下。与同人在万象楼小酌，楼主人求请题记，因写海光山绿，松涛帆影两额以付之。晚，大风。

初六日　晴。赴川崎造船所，承松方督办陪观各处。是厂为川崎（正藏）氏创办，明治二十九年始改为股分公司，而名仍其旧，延川崎为顾问官。初时规模甚小，现在资本已至一千馀万圆，一切军舰、轮、帆等船暨各种机械均能制造。船坞十馀号，自五百吨至二万吨不等。厂地约六万馀坪，延用工学博士等五十馀名，日役工匠万馀人。现正制造九千吨船两艘，六千吨船四艘，兼有承造水师所用机件，极形忙碌。生铁大半购自中国，钢料均运诸欧西。松方云，甚望中国出钢兴旺，就近购取，既省运费，又免囤搁。余见其全厂房屋纯以白木架之，极朴质，异而询之。松方云，凡办实业，总须在实际上讲究，不在饰外观。即如早稻田大学，如此大局面，堂屋亦并不考究。此不独敝国为然，余到过英、德各工厂，均是如此。始慨然于中国，每开办一局一厂，无不首先考较房屋，而

参观川崎造船所

办实业不在外观而在实际上讲究

内容转置后图。有延用外人者，更必精益求精，甚至有房屋甫经蒇事，而资本已去大半，遂至半途辍业者，往往而有。松方办事精明，毫无贵介习气，所言皆阅历之谈，尤堪书绅。午后，看钟渊蓝鱼纺绩公司，陪视者为辅藤总办。该公司创设于明治二十年，新式锭子廿一万七千三百十二枝，所纺顺手纱，自八支至十六支，左手自二十支至三十二支，全年出纱十八万大包。六七年前，又将九州公司之品三圈牌子并入，规模益大，资本已充至一千六百万圆，华商股分不少，各处枝厂共十所。厂用棉花，以美国为最，中国次之，印度又次之。前数年获利颇厚，近来各处销路稍滞，而工价加涨，粗工亦须四五角一天，故生意不及从前。且今年金价昂贵，运赴中国之货向以银计，吃亏太重，故议暂停运销云。厂中办事章程，大致与华厂同，惟其房屋之洁净，规模之严肃，工作之整齐，实非华厂所能及。且其总办精明干练，事事内家，尤非谬承其乏者可比。厂中有花园一所，以资工人游息，并有食物卖买，亦善法也。

参观纺织公司

初七日　晴。九钟半，偕深泽、高木、仲雅乘日本邮船会社春日丸赴马关。是船儎重三千八百十九吨，每钟走十三英里，极速可走十八九里。虽不及高丽之大，而餐间、写字间具备，并有日本各处名胜图画供客浏览，引人入胜。是诚高桥男爵所谓，于出口货外别有富国之道焉。

初八日　晴。七钟半，抵马关，即过小轮，赴若松。约行一钟半，抵制铁所，承中村长官等迎候码头。厂居环

34,10,8

山之中，面海运道口窄而溜急，不特地占优胜，良亦具有深意。厂地计四十万坪（每坪六尺见方），约合吾国四千亩，是以一切足敷布置。旋导观其炼钢炉，化铁炉，新旧炼焦炉，暨拉钢、轧钢、钢板、钢钉、钢弹筒、火砖等各工场。即在山上午餐，并摄影纪念。同座有今泉（嘉一郎）、服部（渐）两技师，岛冈事务官（亮太郎），大谷书记官（顺作）等。中村曰，余初接办时，尚有德国工师十馀人，后得今泉、服部两技师，始将外人一律辞退。此二人均系帝国大学专门毕业，今泉复游历欧洲，计毕业迄今已十八年，学问既优，加之历练，故所诣能如此精邃，现全厂办事，专仗此二人云。余此次到东，历观彼邦各项实业，无不用本国之人，不特薪费可省，而办事亦肯实心，中国专门学堂之设，诚不可须臾缓也。饭罢，复观电线、铅皮、切钢、钻钢、锯木各工场，及电机房、化学房等处。中村并以余步履不健，特备藤舆抬行，渠与技师等徒步前导，既感且愧。晚渡马关，三井门司支店长江口（定条）氏、三菱福田（信治）氏、三谷（一二）氏宴余与中村及同人于春帆楼（日本旅馆）。主客十馀人，席坐围饮。是楼即甲午之役，文忠师议约驻节之所。楼中摄有文忠受伤后小影，并其办事室、休息室、寝室，暨与伊藤公等议事室各影片。当年磋议苦心，与夫受创情状，历历在目，追念师门为之泫然。是日，寓山阳旅馆，兹将考察制铁所各则，足资汉厂则效而备参考者，摘记如下。

日本各项实业无不用本国之人

马关春帆楼晚宴

一、现有生铁炉两座，每日夜共出铁三百吨，计用萍焦三

制铁所钢炉及产量

百六十吨（此系一吨二有时须用一吨三）。现造之第三新炉，日夜可出二百吨至二百五十吨，此炉甫于今年三月开工，来年四月即可完工。开炼一切工料，计共费日金八千万圆，所用火砖均系自造。一、马丁钢炉八座，贝色麻钢炉两座。马丁炉现有两座停修，只用六座，每日夜共出钢四百五十吨。每座出三炉，每炉出二十五吨。所用火砖亦系自造，每砌一次可炼一百八十炉至二百炉。现有添造马丁炉两座，贝色麻炉一座，均克期明年三月告竣，共成马丁炉十座，贝色麻炉三座。一、由热汁送入贝色炉，约半钟出钢一次，每廿四钟可出四十次或五十次，每次出钢或十吨、十二吨。再转入马丁炉，约一钟出钢一次，每廿四钟可出二十次或二十五次。冷铁（用马丁生铁块三四成、废钢六七成）须八钟至九钟出钢一次，迟速悬殊。据称从前铁汁直送马丁炉，炼钢极慢。嗣经服部技师等考验得新法，先送贝色炉，转入马丁炉（以贝钢二桶并入一炉），出钢较速。询其此项，贝炉有无特别造法。答称即是寻常之炉，并无他妙，不过转入去其磷耳。如不转马丁炉，亦可造轨造钉。现用三座贝色炉转炼，其馀直送马丁炉。一、生铁汁每一大桶重廿吨（太热时加废钢），入贝色炉（须用贝色麻生铁不用马丁生铁）炼成贝色钢，约耗百分之几。贝汁转入马丁炉，除另加矿石、石灰、碎钢等作耗外，炼成马丁钢，约耗百分之十一。询其马丁生铁，若非当时热汁，照旧法以冷铁烘热再入钢炉，比较吃亏若干？答称，每吨约须吃亏日金四圆，若所用萍焦，价

34,10,8

能减轻，则三圆半或可。一、旧式焦炭炉四座，计共一百二十格，新式两座，计一百廿五格，每格每五钟出焦一吨。新炉可提取各种杂质，日人名曰富春平，有黑油供海军之用，有白质（即药房所售洋樟脑）供药房之用，有肥料供种田之用，有颜色供染物之用，每焦一吨，计提杂质约值一圆。此新炉连一应机器在内，共费日金一百零三万圆。惟此炉系比国发明，归其专利，每座须出专利费四百圆。此炉为今泉技师一手所造，询其既提杂质于焦炭，有无耗损？答称此皆从弃物中得来，毫无所损。一、所造火砖共分三种，黑色为上，红色次之，其白色一种系碎料改造，又次之。砖料均日本自产。汉厂现造止合炉外之用，其馀均须购诸欧洲。已嘱其每种寄我二百块，如果合用，可省运费多矣。一、沿海岸排列起重机九座，其式与寻常异。每座有钢制机架，高可四五丈，运船到埠，即可直起入方铁箱运送，一切均用电力，极为便捷，此机亦系本厂自造。一、大钢筒，每个重二吨五。询其大筒有何好处？答称，造轨可长，以免多弃两头废料。及观其轧轨厂，一条切作三条，而长几倍于汉制。又观其钢板厂，厚一寸半，宽长亦过于汉厂。渠云，尚拟造三吨至三吨五之大筒。余前日看川崎船厂，见其购有欧厂大钢板，宽阔更倍于日制。是汉厂不但钢筒宜加大，轧轴亦宜加宽，是所待于后来者。一、钢弹筒另有一厂，所造钢筒不过造成圆料，以机器钻其空心，极为容易。一、钢线（即电线）亦有一厂，先用小钢条拉细，再入卷轴，重重自卷，愈卷

起重机

愈细，末后滚成一盘，粗细约廿馀种。一、白铁皮（即现时造屋所用洋铁皮）亦有一厂，先用小铁板入轧轴逐渐转轧，俟其薄至分许，取出入铅水缸便成水花纹，再由镀铅机轮转过即现光亮，末入压轴，压成瓦楞式，亦甚容易。一、造自来水铁管亦有一厂，时晚不及往看，据称获利甚厚。一、厂中自开小煤矿两处，运送均用帆船，随到随起，不令积压，亦不用小轮拖带。以上钢弹筒、钢线、白铁皮、自来水管等厂，均为汉厂所无。除自来水管厂未看外，其馀皆所目见，机器人工均属无多，中国每年所用电线、白铁皮、自来水管不知凡几，费省利厚，亟须仿行。馀如新焦炉之提取杂质，马丁炉之新法，转煤起重机之便捷省事，大钢筒之节省材料，就一得之见，师彼所长，去我所短，或于汉厂不无裨助云。

中国亟须仿行之工厂

初九日　晴。七钟，渡门司。八钟，上火车，十一钟半抵大牟田车站（是行快车）。由团（琢磨）理事导乘人力车至三池煤矿，偕同山田总办（直矢）、植木技师等引看矿山、码头、机器房各处。该矿前四百馀年已经发现，直至明治二十二年始为三井买受，计价四百五十万圆，现在值逾千万。矿区面积共一千八百四十三万九千馀坪，采煤之区面积约三百五十万坪。煤坑六处，深一百七十六尺至八百九十六尺不等，每日夜共可出煤四千五百吨，最大之坑可出一千五百吨。矿内水量极大，用头号抽水机，每分钟可抽一千二百五十立方尺。矿工每天万馀人，煤车三百六十馀辆，煤船称是，内三百馀艘系雇用，六十馀艘系

三池煤矿之规模

34,10,9

自置。并有炼焦炉两座，计七十八格。码头即就海中筑成，分内外港，均用石驳。外港面积约十五万坪南北三千尺，内港面积约三万坪，水深二十八英尺，泊船处计长一千三百八十尺，同时可泊大船三艘，中间用水闸宽六十六尺，水深二十八尺，大小挖泥船三只。码头造费四百万圆，水闸五十万圆。水闸造法仿自英国，均系植木技师一手监造。是日适有一英国儎重六千吨之船停泊码头。据云装煤均用机器，每天可装五千吨，系船上自带。现在三井已购有两架尚未装置。矿地一切起卸运送均用电汽，极为便捷。煤税约值百抽一，论价值不论吨数，地方捐约百分之一中之五分之一。并设有工业学校，分采矿、机械、土木三科，三年毕业，入学程度须在高等小学卒业。又附设保育所一处，因矿用女工，乳儿有妨生计，故特雇保育妇代为乳哺。看毕三池，东家三井氏（养之助）特备西餐招宴，并亲送车站。三钟，上火车，八钟，抵门司（是行慢车），仍渡寓马关。

初十日　大雨。住山阳旅馆，与中村商议钢铁焦炭卖买事。

十一日　晴。十钟，附博爱丸回神户。是船儎重二千六百三十馀吨，又较春日丸为小，而房间轩敞过之。

十二日　晴。八钟三十五分，抵神户。发电枢府，请为代奏销假。其文曰：宣怀八月十五到日京，因厂矿相距过远，先行就医，近始稍痊，谨当力疾销假。现抵神户，即周历各处厂矿，详细考察，事竣回沪，再当奏报。唐使 抵神户面称德约须俟到欧催议云，请代奏。

十三日　雨。麦少彭暨三菱支店长木村氏（久寿弥太）过访。四钟，北里博士来视，云肺病大好，现在步履健胜，即是明验。晚看报纸，深泽云，日本大报馆，每日约可售三十馀万张。盖彼邦无论男女，以迄仆隶，莫不手执一纸，教育普及诚为吾国所不逮。因忆前日在博爱丸，见有美术出品图册，内载博览会赛会画列第一。初甚疑之，继思织绣、窑磁、漆器、雕刻以至笺纸等类，无不需画画之妍媸，人之好恶系焉。日本绘事多从中土流传，而青出于蓝。近来工业日增发达，即织绣一项每年出口几及五千万圆，褒然居首，良有以也，若仅以风雅事视之，则浅矣。

日本教育普及为吾国所不逮

十四日　晴。十钟，赴大坂（自神户火车行一钟），看造币局。规制崇闳，由长谷局长（川为治）陪观各处。一曰熔解场，熔化金银生货。一曰延伸场，拖拉金银条货。一曰极印场，铸造胚胎，压印花纹。一曰精制场，化验成色，秤计分量，此其大略也。是局创设于明治二年。所用机器均日本自造，内有自动机三部，为最灵巧，最精致。每机有玻璃盒一只，置小天秤一付，下空两路承以木盒，专秤金币。只须将币堆放机上，即逐圆自投秤内，一圆出则一圆入，层递而下，分量准者由一路，差者由一路，丝毫不爽。至银币之试验，于每千圆提一圆，用机器钻三圆孔如品字形，全体俱显不烦，解化亦甚简便。询以亦造纸币否？答称，纸币、邮税票、印花税票及各种证券

赴大坂看造币局

34,10,14

等，均归东京印刷局印造，该局隶内阁，不隶大藏省。又询以民间送局代铸之法如何？答称此种谓之自由铸造，各国通例只准代铸本位金，不准代铸补助币。盖补助币为国家专利也，故凡送来之货，将金质提净后，其馀杂质无论银铜一概付还，本局只计收其代铸费。又询以送来之人设欲看铸，能否？答称化验时可看，告知其内共若干金，可铸若干圆，不愿者听，不能从旁监视，干预本局权限。又询以贵国初亦行用墨西哥银圆，后来如何抵制，敝国墨圆充斥几于无省无之，每年不知其几千万。答称始亦甚觉为难，后来国家一面仿照铸造，分量成色悉准墨圆。一面即颁行法律，禁用外货，潜移默化，久遂消灭。且敝国通行墨圆之处，只此二三商埠，数本不多，故尚容易。今贵国欲筹抵制，窃谓惟有多铸七钱二之银圆，定十进位，成色一律，价格无二。并设立中央专管局，凡造成之币，必须送经该局察验后，始准发行。惟贵国地大，或二三省，或三四省设一局，以便就近送验。如此则制度统归画一，私铸并可消泯。俟其惯用，然后颁布禁令，止用外货，或可办到。又询以贵国初行纸币如何？答称从前纸币极乱，毫无信用，所谓不换券（有票不能兑现货）是也。其券价格极低，须纸币一百五十圆抵墨银一百圆。旋经各大臣逐渐整顿，直至明治十六年以后，始准一纸一银，人皆信用。其时，吾国实用银本位之国，嗣因银价跌落，几有江河日下之势，政府研究得采用金本位，遂成现时之制度。余曰，敝国亦拟用金本位，惟恐金货外溢，一则因输出货

造币局长谈日本货币制度

物不敌输入，一则因借用金债须还金款，答称诚然，且骤定金本位，恐外洋金价陡落，必受大亏。必须先定银本位及金银比例，方无流弊。余曰或有劝做虚金本位，如贵国未经实行金圆之前之制。答称贵国现用墨圆如此之多，若做虚本位，而不自造金币，仍如墨圆之外来，则金银一样，不过变其黄白之色耳，有何分别哉。长谷年约五十馀，人甚精明，充局长已十六年，故议论极透辟，并承赠造币规则、年报等册而别。便看养老院、孤儿院，老幼均以纸货为手工（如粘信封糊纸盒并各种耍货之类），统计不及百人，规模狭隘，无甚可观。闻大坂有幼稚园极大，惜时晚不及往看。是日，三菱大坂支店长南条氏（金雄）邀余与同人等在滩万小酌（日本旅馆），脱屦户外，席地而坐，大有古风。六钟，回神户。

十五日　晴。三钟赴莺取（地名）同文学校，看运动会。该校为吴锦堂观察所建设，学生二百馀人，均系华商子弟。其运动各技与中国学校同，胜者得奖品。晚，麦少彭招饮于其别墅，同座中外官商二十馀人，服部知事在焉。室中悬日本画家所画山水，甚精，其气韵直造四王。即席论绘事，服部云，敝国画法纯从贵国得来，而各有专派，大都崇信宋元，现在川崎氏家藏宋元墨迹不少，得暇可以介绍往观。是夕为月当头之日，月色颇佳。日本改用阳历，四时节候不同，未免负此良宵，谁谓中国沿用阴历之非乎。

参观华商子弟学校

十六日　晴。八钟五十分上火车，九钟三刻抵尼崎，

34,10,16

看酿造酱油株式会社第二厂，陪观者为高木理事（贞干）、小野技师（十郎）。是厂创设于明治四十年六月，甫经年半，尚有未完工处。厂地共八万五千坪，股本一千万圆。各种机器均系铃木社长（藤三郎）所发明，归伊专利。机器之大概曰：原料精撰机，食盐溶解机，破筛机，煎熬机，诸味压榨机，诸味酿造机，输送机，装置机。其法先以黄豆小麦用机器分送炒熟炉，炒熟后转入研细机研成粉末，遂并由一处而出，装小铁车送入酦酵炉（酦酵者用蒸气闷成白霉）需三天。出炉后复用机器，一面将豆麦一面将盐卤并输入酱油锅，其锅即在酦酵炉之上，形式圆长，如火车头之锅炉。然每锅上有方池一，池中有细轮，转动极慢，油即渐渐下滴。锅共六十只，每只贮酱油四百石。计自豆麦炒熟起，至成油止，约需六十日，每年出酱油四十八万石。其盛油木桶，最大者可装一百一十石，销路以中、美为大宗。股票每股原价五十圆，现已涨至六十五圆。黄豆均从中国奉天、铁岭等处采购，盐则购自德国，惟小麦用本国所产。油以初次酿出者为特别品，其馀则以初次之油调入之，看调入成色之多寡，定酱油品第之高下。特别品批发价，每斤约需日金二角。其第一厂在东京，厂地只二万坪，每年约出油十二万石。尼崎为神户大坂之中心点，且海道运便，故咸注力于此，其云第二者，略以先后言之也。现在生意甚好，每年两厂酿造酱油共不过六十万石，不敷运销，议充造至三百万石云。窃思中国豆、麦、盐三项均无待外求，若置办机器，

酱油酿造法

仿设公司，则原料既富，人工亦省，获利定必丰厚。午，大风雨，旋霁。上车赴西京，看锦光山兵卫氏磁窑工厂。地方极大，外为陈列场，内即窑工场，纯系手工，并无机械。厂主云，一切制造之法均仿自中国景德镇，此四五年间，画本式样大加改良，特聘请专门画师数十人，近又仿造各式西磁。因思吾国景德磁器夙驰声誉，质地细白，为环球冠。只以窑工画工都沿用老样，不肯另出心裁，以致洋磁充斥，人情厌故喜新，不独磁器为然。现在湖南醴陵磁器，日渐改良，大有进步，急起直追，何患不驾而上之哉。是晚寓京都旅馆，范任卿中书（熙壬），暨留学吴济时、厉家福、蒋履曾、蔡文淼、张景光、刘勋麟诸生来见。旋若林竹苞楼、佐佐木各书肆送书来看。先是余在神户，闻人云西京旧书较多，特托刘同仁先往物色，故相约偕来也。惟亦无好书，有宋板容斋随笔正续六册为最佳，索价三千馀圆，惜改订时上下两头均已切短，且有日人丹铅涂抹，亦非完璧。又有怀素草书千字文墨迹一部，后附苏东坡、黄山谷、赵松雪、徐天池、毛古庵、文衡山诸名家题跋，悬价万五千圆。再四展观，殊不得其妙处，题跋亦有可疑总之处。千载之下而欲辨别千载以上之人之字，决其真伪，不綦难乎。

日本磁器制造均仿自景德镇

十七日 晴，大风寒甚，可御重裘。十钟，赴京都织物株式会社，由舟坂社长（八郎）导看各处。约分四大工场，调丝（将已成之丝逐渐捻细抽坚）、洗染、织工、整工（凡印花、括浆、烘烤、压叠等事皆属焉）。而织工

34,10,17

场尤大，有第一、第二、第三之分别。该会社明治二十年涩泽男爵（荣一）所创办，股本二百五十万圆。一切染织等法均仿自法国，开办时系用法人监工，现皆辞退。初办四年，甚少效果，后乃渐渐发达。全厂均用机器，惟整工场大半参用人力，工人男女并用。其织物有全丝者，有全棉者，有半丝半棉者。极宽织机可五尺馀，两人并立而织，其机式、织法及提花、掷梳等事大致与中国同，惟一则用机器快而灵，一则用人工迟而笨。其用纯丝仿织之中国摹本缎，每码（二尺五寸）约需四圆，而门面较宽。半丝半棉者，每码约需七角，此批发价也。另有一机，转旋极速，共有三层，每层有机轴一，每轴下有一铁楞，如屋檐前之承漏，然中储药水，将织成棉布卷置轴上，以药水火去，其棉毛便光亮无比。药水气味极难闻，仿佛柏油，此即现时市上销售之所谓药水洋缎是也。据称厂中生意，往年可得二分利，今年颇为减色云。出过岛津制作所，由其东家岛津（源藏常三郎）昆仲引观其标本部。其陈列各种蜡人及药水浸制之羽毛鳞介等类，奇形异状，指不胜屈。旋至其实验室，系一黑屋，满装电机，专为试验各种电学之用。有一种由电光传播声歌，如留声机器，而无其响亮，据闻即系无线电之滥觞。有一种发动电光可照见人身，骨殖衣服、肤肉脏腑均空无一物。又用木匣盛一铁器，亦只见铁器而不见木匣。考此即奥人朗德根照骨法，凡衣服、血肉、木石诸质尽化云烟，所留存者惟五金类及骨殖而已，盖骨殖含有磷质故能引电也。此种电光，

染织均仿自法国

X 光机

闻海陆军最为利用，如受有枪弹等伤，一照即可疗治。大者每具需六七千圆，小者五六百圆千馀圆不等。岛津创建于明治三十六年，极有声誉，中国各学堂所用理化学科之器机标本大都购之该所。承其赠余怀中小电灯一盏及游戏小电机一具，又分赠同人等袖珍日记各一册，请作纪念。余亦题书横额以赠。回寓午餐，书肆中人踵至，告以天时寒冷，即回神户，可送至神户细看。午后，赴饭田吴服店。织绣各品，精美绝伦，而价亦奇昂。有一柗袱，可值三四百圆，一屏风可值千馀圆者。西京织业本系著名，前报告每年五千万，据称今年只能得半云。继至本愿寺。向闻寺中所藏宋元古器不少，惜已时晚，陈列室例于四钟闭门，仅略观其前殿。殿上有人发编成一绳，围置盘中，寺僧云，长二十二丈，径一尺五寸，系一村之人积聚而成。俾之常供佛前，可获菩萨保佑，迷信之深，甚于中土。外人每嘲中国香花供献为痴迷，何亦未尽醒悟耶。四钟半上车，六钟四十分，抵神户回寓。

迷信之深甚于中土

十八日　晴。天寒一如西京，炉火围坐，尚透寒气。五钟，北里博士来视，极言须磨舞子向较别处为暖，当不至如此寒重云。

十九日　晴。赴须磨，山风凛冽，不减神户。土人云，今年天气寒冷为从来所未有。晚，张领事来谈，承赠常熟顾子雍明经（镛）纂录之《铁琴铜剑楼藏书目录》八册，板刻极好。

二十日　晴。西京书贾送书来寓，选购新旧各籍约又

34,10,20 赴中华会馆

四百馀种。午后，偕李光泰赴中华会馆，地形高爽，屋宇崇闳，极轮奂之观。此馆于光绪壬申，由广帮首董郑雪涛（柏年祝三之封翁）所经建。中为正厅、关圣殿，左为客厅、花园，右为天后宫，规模具备。神户为日本商务中心点，特建此馆，以资联络云。

二十一日　晴。日本各报纸喧传清国国家宫内有极大惊骇之事，遍探不得实在。夜接使署来电，昨接外务部电开十月二十日奉上谕，朕钦奉皇太后懿旨，醇亲王载沣之子溥仪，着在宫内教养，并在上书房读书。又奉上谕，朕钦奉皇太后懿旨，醇亲王载沣授为摄政王，钦此。跪诵之馀，忧心如焚，彻夜未寐。

获悉皇上御崩

二十二日　阴，大风。报馆遍发传单，清国皇上御崩。七钟，凤禹门都护（山）、唐执夫参领（在礼）、庄思缄观察（蕴宽）过寓，示以使署转外务部电。都护云，月前请训，瞻仰天颜，不异平时，距此未及一月，遽有此变。彼此揣疑，或以圣躬稍稍欠安，海外误传亦未可知。夜半接使署来电，顷接外务部电，本月二十一日酉刻，大行皇帝龙驭上宾。北望觚棱，悲痛无极。

获悉皇太后御崩

二十三日　晴。报馆又有传单，清国皇太后御崩。旋接使署来电，接外务部电本月二十二日未时，大行慈禧端佑康颐昭豫庄诚寿恭钦献崇熙太皇太后仙驭升遐。伏地痛哭，五中俱裂。伏念今春三月，陛辞出都，仰蒙大行太皇太后、大行皇帝圣训周详，温谕嘉勉。方期述职，重仰天颜，何意昊天不吊，圣君圣母永闷桥山，海外淹留，攀号莫及。忆纶音之在耳，念时局之方艰，能无抢地呼天，泪尽而继之以血乎。

二十四日　晴，大风。托深泽赴各公司问船期，回称二十八日有日本邮船会社春日丸船开上海。

二十五日　晴。赴中华会馆，率同领事官、华商等举哀成服。归途人如潮涌，途为之塞，询知是日为明治天皇到神户阅海军云。

邮船会社赠送回程船票

二十六日　晴。托深泽至邮船会社买船票，该会社先已接有横滨总公司电报，嘱送全体船票，再三辞谢未允。

二十七日　晴。三井会社山本氏，汉口大仓洋行橘三郎氏，一来自东京，一来自汉口，均为汉冶萍公司钢铁焦炭事。悲痛之馀，未能细谈，因约其回国后再为商量。

二十八日　晴。九钟上春日丸，高木、李光泰、郑祝三、徐蕙生、徐礼芷、厉家福诸君均亲送登舟，珍重执别。十钟开行。

二十九日　晴。丑刻三钟，抵门司。午后三钟，开船。晚，大风浪，颠播难堪，十客九吐，夜半稍平。据船上庶务长云，往来内海，如此大浪，向未见过。

赴三菱合资会社造船所参观

三十日　晴。丑刻四钟，抵长崎。六钟，医生验病。十钟，岩崎男爵来船，邀赴三菱合资会社造船所。告以惊闻国恤，神志昏瞀，坚请不获辞。同过小轮到厂，一切规模较川崎为大，由岩崎男爵暨丸田所长、庄田技师（平五郎）导观各工场。其大概曰：机械场，现图场，形取场（即模型场），铸物场（铸铁铸钢皆属焉），木工场，

34,10,30

铜工场，电工场，刨锯场，锻冶场，组立场（即装配场），镀铅场，以及化学试验所等。其码头设有钢制三脚极大起重机一座，高一百二十尺，其式与制铁所所见略同，据称可扛起一百五十吨重量，并另有二十吨之起重机船。造船台共七座，一七百英尺，一六百七十六尺，一五百十尺，一四百五十尺，一三百四十尺，一二百八十六尺，一一百八十五尺，船坞共三处，第一坞在立神地方，长五百二十三尺，明治十二年开坞。第二坞在饱浦地方，长三百七十一尺，明治二十九年开坞。第三坞最大，在饱浦、立神两处工场之间，长七百二十八尺，明治三十八年始经开坞，容泊二万一千吨大船之外，尚有馀地一百馀尺，盖无论太平洋如何大船，均能入坞无碍矣。是会社系在明治初年，岩崎氏（弥太郎）独力开创邮便汽船会社，为经营海运业之发端。至明治二十六年，始更改组织，称为三菱合资会社。而其工场之发源极远，尚在安政年间，德川幕府聘请荷兰国人所开办。现在厂中工匠，日役万数千人。技师、技士等二百数十人，办事员约三百人。上溯明治二十年，仅能造二百馀吨之小船，二十二年至二十四年之交，建造大坂商船会社筑后川丸、木曾川丸等船，各七百馀吨，是为日本钢铁制商船之权舆。直至三十年，乃有六千一百馀吨常陆丸之制造。现造之天洋丸、地洋丸，均儎重一万三千五百馀吨。贺茂丸、平野丸，均儎重八千七百馀吨。天洋丸已经竣工，地洋丸等亦已预备进水舣装。另有一种轮船，无事时用作商轮，有事时即可改充巡

造船所之历史及规模

洋舰，系新发明者。其工场之宽广，占有从长崎港西海岸西泊湾至饱浦一带地方，积面有九万七千二百馀坪，海岸线延长至一千三百五十间（每间六尺）之多。尚有船架在对面海岸小菅地方，面积亦近六千坪。厂中设有工业预备学校，分本科、专修科。本科额定学生二百人，专修科二百五十人，三年毕业，愿入专修者加习五年，入学程度须在寻常小学卒业。厂用匠目大都本学校就造之人。又有病院一所，建二层楼，闻可收容病人五六十人。自馀恩赏、抚恤、救护、卫生、储蓄各制度，均极完美。询其各种钢料是否若松制铁所制造？答称制铁所制造甚忙，不及供应，大都购诸欧洲。告以汉阳钢铁厂现在钢料甚佳，何不绘图试造，运费一切必较欧厂便宜。答称此乃极愿，因出示一册，及详载各船图及各种材料之作用。云材料最为紧要，一不慎重，全船之生命财产皆受其害，故各国无论造何船只，所用材料，必请专门验料人逐一细验，图中所载均经验过，而未验者概不列入。所以购办钢料，必于图乎取之，庄田技师即本厂验料之人也。告以汉厂本拟雇请。岩云，闻上海地方有专代各厂家验料之人，可以交验，不必专雇。谈至此时，钟三响，船定四钟开行，匆匆执别回船。深泽别去，深泽为人诚笃，精通中西语言文字，嗜唐诗，暇辄手一卷。相处三月，晨夕过从，携手河梁，不禁有惜别之感。

造船材料必请专人细验

十一月初一日　晴，风平浪静，如履平地。

初二日　晴，薄雾。七钟，驶至吴淞待潮。十二钟

34,11,2

半，抵虹口日本邮船会社码头，即回寓。电请枢府代奏云，宣怀曾于十月十二日将销假日期由电奏闻。旋即驰赴若松制铁所、三池煤矿、大坂造币局、西京等处纺织制造各会社、神户长崎造船厂，详细考察。途次接胡使转传哀电，惊闻大行皇帝、大行太皇太后先后升遐，悲痛曷极，谨即在神户率同领事官等举哀成服，附轮起程回国。兹于十一月初二日行抵上海，差次合将就医，返沪日期具电奏报，请代奏。 返回上海

盛宣怀愚斋东游日记

人名索引

四画

五画

六画

八画

十一画

丨二画

十三画

走向世界丛书一百种

初编三十五种以＊标出

谢清高 **海录**
＊ 容　闳 **西学东渐记**
＊ 林　鍼 **西海纪游草**
＊ 罗　森 **日本日记**
＊ 斌　椿 **乘槎笔记**
＊ 张德彝 **航海述奇**
＊ 王　韬 **漫游随录**
＊ 志　刚 **初使泰西记**
＊ 张德彝 **再述奇**（欧美环游记）
＊ 张德彝 **三述奇**（随使法国记）
王　芝 **海客日谈**
＊ 祁兆熙 **游美洲日记**
＊ 李　圭 **环游地球新录**
＊ 郭嵩焘 **伦敦与巴黎日记**
＊ 张德彝 **四述奇**（随使英俄记）
＊ 黎庶昌 **西洋杂志**
＊ 刘锡鸿 **英轺私记**
李凤苞 **使德日记**
钱德培 **欧游随笔**
＊ 何如璋 **使东述略及杂咏**
＊ 张斯桂 **使东诗录**
黄遵宪 **日本国志**
＊ 黄遵宪 **日本杂事诗**〔广注〕
陈兰彬 **使美纪略**
＊ 曾纪泽 **出使英法俄国日记**
＊ 王　韬 **扶桑游记**
＊ 徐建寅 **欧游杂录**
谭乾初 **古巴杂记**
王之春 **谈瀛录**
＊ 李筱圃 **日本纪游**
池仲佑 **西行日记**
蔡　钧 **出洋琐记**
袁祖志 **瀛海采问纪实**
张祖翼 **伦敦竹枝词**
王以宣 **法京纪事诗**
潘飞声 **西海纪行卷**
潘飞声 **柏林竹枝词**
潘飞声 **天外归槎录**
张荫桓 **三洲日记**
邹代钧 **西征纪程**
王咏霓 **道西斋日记**
张元济 **环游谈荟**
余思诒 **楼船日记**
缪祐孙 **俄游汇编**
张德彝 **五述奇**
＊ 傅云龙 **游历日本图经馀记**
傅云龙 **游历美加等国图经馀记**
洪　勋 **游历闻见录**
崔国因 **出使美日秘国日记**
＊ 薛福成 **出使英法义比四国日记**
＊ 薛福成 **出使日记续刻**
陈道华 **日京竹枝词**

* 严　修 **东游日记**
姚鹏图 **扶桑百八吟**
凤　凌 **游馀仅志**
* 黄庆澄 **东游日记**
吴宗濂 **随轺笔记**
宋育仁 **泰西各国采风记**
王之春 **使俄草**
伍廷芳 **美国视察记**
* 蔡尔康等 **李鸿章历聘欧美记**
张德彝 **六述奇**
刘学询 **考察商务日记**
黄　璟 **考察农务日记**
罗振玉 **扶桑两月记**
罗振玉 **扶桑再游记**
丁鸿臣 **东瀛阅操日记**
沈翊清 **东游日记**
* 梁启超 **新大陆游记**
张德彝 **八述奇**
载　振 **英轺日记**
吴汝纶 **东游丛录**
双　寿 **东瀛小识**
缪荃孙 **日游汇编**
周学熙 **东游日记**
* 单士厘 **癸卯旅行记**
凌文渊 **籥盦东游日记**
张　謇 **癸卯东游日记**

蒋　煦 **西游日记**
王景禧 **日游笔记**
陈　琪 **环游日记**
* 康有为 **意大利游记**
康有为 **德意志等国游记**
康有为 **英国游记**
* 康有为 **法兰西游记**
韩国钧 **实业界之九十日**
李濬之 **东隅琐记**
盛宣怀 **愚斋东游日记**
* 戴鸿慈 **出使九国日记**
金　鼎 **随同考察政治笔记**
* 载　泽 **考察政治日记**
程　淯 **丙午日本游记**
康有为 **西班牙等国游记**
杨泰阶 **东游日记**
文　恺 **东游日记**
左湘钟 **东游日记**
吕珮芬 **东瀛参观学校记**
* 林汝耀 **苏格兰游学指南**
* 单士厘 **归潜记**
金绍城 **十八国游记**
附 艾儒略 **职方外纪**
附 南怀仁 **坤舆图说**
附 丁韪良 **西学考略**
附 艾约瑟 **西学启蒙**

严　修 东游日记
姚鹏图 扶桑百八吟
凤　凌 游馀仅志
* 黄庆澄 东游日记
吴宗濂 随轺笔记
宋育仁 泰西各国采风记
王之春 使俄草
伍廷芳 美国视察记
* 蔡尔康等 李鸿章历聘欧美记
张德彝 六述奇
刘学询 考察商务日记
黄　璟 考察农务日记
罗振玉 扶桑两月记
罗振玉 扶桑再游记
丁鸿臣 东瀛阅操日记
沈翊清 东游日记
* 梁启超 新大陆游记
张德彝 八述奇
载　振 英轺日记
吴汝纶 东游丛录
双　寿 东瀛小识
缪荃孙 日游汇编
周学熙 东游日记
* 单士厘 癸卯旅行记
凌文渊 籥盦东游日记
张　謇 癸卯东游日记

蒋　煦 西游日记
王景禧 日游笔记
陈　琪 环游日记
* 康有为 意大利游记
康有为 德意志等国游记
康有为 英国游记
* 康有为 法兰西游记
韩国钧 实业界之九十日
李濬之 东隅琐记
盛宣怀 愚斋东游日记
* 戴鸿慈 出使九国日记
金　鼎 随同考察政治笔记
* 载　泽 考察政治日记
程　淯 丙午日本游记
康有为 西班牙等国游记
杨泰阶 东游日记
文　恺 东游日记
左湘钟 东游日记
吕珮芬 东瀛参观学校记
* 林汝耀 苏格兰游学指南
* 单士厘 归潜记
金绍城 十八国游记
附 艾儒略 职方外纪
附 南怀仁 坤舆图说
附 丁韪良 西学考略
附 艾约瑟 西学启蒙

图书在版编目(CIP)数据

东隅琐记/(清)李濬之著. 愚斋东游日记/(清)盛宣怀著.
—长沙:岳麓书社,2016.9
(走向世界丛书/钟叔河主编)
ISBN 978-7-5538-0661-7

Ⅰ.①东... ②愚... Ⅱ.①李... ②盛... Ⅲ.①工业史—史料—日本—近代 Ⅳ.①F431.39

中国版本图书馆 CIP 数据核字(2016)第 178632 号

DONGYU SUOJI YUZHAI DONGYOU RIJI

东隅琐记·愚斋东游日记

作　　者:李濬之　盛宣怀
校 点 者:赖某深
责任编辑:杨云辉
责任校对:舒　舍
封面设计:吴颖辉　贺红梅

岳麓书社出版发行
地址:湖南省长沙市爱民路 47 号
直销电话:0731—88804152　88885616
邮编:410006
岳麓书社网址:www.yueluhistory.com

2016 年 9 月第 1 版第 1 次印刷
开本:890×1240　1/32
印张:5.625
字数:125 千字
印数:1—3 000
ISBN 978-7-5538-0661-7
定价:35.00 元

承印:长沙超峰印刷有限公司

如有印装质量问题,请与本社印务部联系
电话:0731—88884129